命理生活新智慧・叢書 52-1

用顏色改變運氣

《修訂一版》

金星出版社 http://www.venusco555.com
E-mail: venusco555@163.com
venusco@pchome.com.tw
法 雲 居 士 http://www.fayin777.com
E-mail: fayin777@163.com
fatevenus@yahoo.com.tw

法雲居士⊙著

金星出版

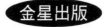

國家圖書館出版品預行編目資料

用顏色改變運氣《修訂一版》／
法雲居士著， --臺北市：
金星出版：紅螞蟻總經銷，
2009年7月 修訂一版； 冊 ；公分—
（命理生活新智慧叢書；52-1）

ISBN 978-986-6441-03-5（平裝）

1.紫微斗數

295.7　　　　98007481

用顏色改變運氣《修訂一版》

作　　者：法雲居士
發 行 人：袁光明
社　　長：袁光明
編　　輯：王璟琪
總 經 理：袁玉成
地　　址：台北市南京東路三段201號3樓
電　　話：886-2-2362-6655
傳　　真：886-2-2365-2425
郵政劃撥：18912942金星出版社帳戶
總 經 銷：紅螞蟻圖書有限公司
地　　址：台北市內湖區舊宗路二段121巷19號
電　　話：(02)27953656(代表號)
網　　址：http://www.venusco555.com
E-mail：venusco555@163.com
　　　　venusco@pchome.com.tw
法雲居士網址：http://www.fayin777.com
E-mail：fayin777@163.com
　　　　fatevenus@yahoo.com.tw

版　　次：2009年7月　修訂一版　2020年12月加印
登 記 證：行政院新聞局局版北市業字第653號
法律顧問：郭啟疆律師
定　　價：370元

行政院新聞局局版北字業字第 653 號

ISBN :978-986-6441-03-5（平裝）

（因掛號郵資漲價，凡郵購五冊以上，九折優惠。本社負擔掛號寄書郵資。單冊及二、三、四冊郵購，恕無折扣，敬請諒察！）

序

中國自古以來就賦與顏色許多任務。例如用顏色代表方位是方向學。在《周禮》春官大宗伯云：

『以玉作六器，以禮天地四方：以蒼壁禮天，以黃琮禮地，以青圭禮東方，以赤璋禮南方，以白琥禮西方，以玄璜禮北方。皆以牲幣，各放其器之色。』

可見顏色在古代不但代表方位，也具有崇高的意念。繼之又用顏色代表階級，用顏色代表季節，用顏色代表宇宙中循環運行的磁場及氣體，那就是五行，以金、木、水、火、土來代表。

亦會用顏色來代表聲音、味覺、液體、靈魂、心智及喜怒哀樂、憂恐。也用顏色來代表身體上的部位，五官、內臟、感覺（包括風、熱、濕、寒、燥等等），更用顏色來創造了中醫學。也用顏色來代表食物的種類。因此自古以來，顏色在人的生活中就是緊密而不可分的工具，自然以後又發展為圖畫所必用之色彩，更是由顏色所匯集而成的，缺其便少了繽紛、豐富的感覺意念了。

命理學也是人類自文明初露時便延續發展出來的學問。因此命理和顏色結合，相互幫襯而成為人類知識領域中，無限輝煌，又具有實用價值，會影響人類存亡，改變歷史命運的經驗法則與知識學問了。

顏色是自古以來人類就會應用的東西，它存在於天地間很久了，也存在於人的身邊已久，但現代人覺得它有神秘感，會用科學的方法來分析它、研究它、顏色對人類的生活影響至鉅，現在我們說『用顏色改變運氣』，一般人會以為這是心理層面的事情，有些玄奧。事實上顏色就是科學。運氣就是感覺，也是心理層面的科學。因此『用顏色來改變運氣』在根本上，就是人類長期以來科學實驗的結果，故而半點都無迷信的可能。同時也是科學與心靈的結合，有十分微妙的關係。

這本『用顏色改變運氣』的書中，我會將顏色的本質，內涵代表意義，以及心靈感覺等方面來探討它對運氣的影響。也會從各種命理格局上來探討如何掌握顏色的吉、凶運用。

用顏色來改變運氣，是人類可用最簡單、最便宜、最直接、最有效的改變人生境遇的方法。人類一生中最想得到的就是『富』和『貴』，顏色會幫助你得到它。人類在感情生活上的喜、怒、哀、樂、愛、憎，顏色也會幫助你完成它。如何使自己生活過得更好？能得到自己心中的企望要求，也全靠顏色來成全它。顏色能使人發奮圖強、和樂向善，也能使人頹廢無力，完全看你如何應用它。因此我希望這本書能帶給大家在生活空間中增長運氣的生長激素，使生活在物質與精神上更圓滿富足。願與讀者共勉之。

法雲居士　謹識

命理生活叢書52-1《全新修訂版》

用顏色改變運氣

目錄

前　言／9

第一章　命理上顏色的分類和內含意義／19

第二章　顏色在心理上對人的影響／35

第三章　每個人命格中所包含的顏色／67

第四章　喜用神所代表的顏色意義／149

第五章　顏色所代表的時間、地點、環境之意義／157
第六章　如何用顏色來改變運氣／189
第一節　如何增加財運的顏色用法／198
第二節　增加事業運、官運的顏色用法／209
第三節　增加讀書運、考試運、發奮圖強的顏色用法／217
第四節　增加人緣、桃花運的顏色用法／225
第七章　增加偏財運、暴發運的顏色用法／233
第八章　改善健康運的顏色用法／243
第九章　顏色的禁忌／257

前言

談到『顏色的色彩學』，大家一定想到這是美術和藝術的範疇。再談到『命理色彩學』，這是什麼?沒聽過!

在命理學中有屬於自己一套顏色的學問。這套學問和每個人息息相關；在日常生活中大家時時在接觸、在使用。有的人使用的好，因此覺得順利、開心。有的人使用的不好，因此覺得運蹇、心悶、凡事不順。

很多人並不曉得自己每日在身體上披掛的衣服、以及自己所處的環境、自己所用的物品、開的車、吃的飯菜、所做的工作、所居住、辦公、做生意的方向以及風水內容，都是和顏色產生密切關係的。甚至於你身體上的五官、四肢、內臟、外表長相和一舉一動，都會有顏色發生密切關連。大家聽起來很可怕吧！顏色無所不在，而我們常眼觀茫然，一眼就看過去了，大而化之，而忽略了它。

風水也是色彩的應用

『顏色真的是無所不在』。自開天闢地時就存在。中國人利用它已經有數千年的歷史。自人類有文明時就開始觀察運用它了。自然會發展出屬於中國人自己一套的『色彩學』。中國人最信『風水』，現在外國人也信風水。風水就是運用色彩學最好的例證。風水講究方位、方向，講究環境的佈置、選擇。而方位、方向中就包含了色彩學。風水也是命理學中的一支，是故自古以來，人利用『命理色彩學』的歷史已很久了。

『五行』是中國色彩學的根本理論

中國人的思想、生活法則和經驗，全是源自於大自然的。孔子說：『天道一以貫之。』這個道，指的就是大自然。因此五行之說從此誕生。五行是指天地中的五種元素、氣體。指的是水、木、火、土、金。這五種天地中的元素，包含遠大、既指的是氣體、又指的是實物，更指的是人類在天地之中眼力所及，所能看到的東西的顏色。

一般人都認為中國人都太馬虎了，顏色有那麼多種、因色階和明度的不同、相混合的不同，會發展出千千萬萬種顏色出來。

很多人（尤其是現代崇洋的人），都以為外國的科學發達，對顏色的分析精闢，因此中國沒有色彩學，對顏色的精密度也不夠。

其實我們仔細觀察在自己的生活之中，我們常用的顏色，綜合起來說，大致也是和五行中所論及的水色（藍色、黑色）、木色（綠色）、火色（紅色）、土色（黃色、咖啡色）、金色（白色、閃亮色），也都差不多是這些色系的顏色。而且光譜上的三原色紅、黃、藍，完全包含在其中。所以先民老祖宗的智慧是值得肯定的。

並且在『五行』中，都賦與了顏色的生命意義，和各種的代表任務。也賦與了它在人類精神領域中所創造出來、會牽動人類靈魂的指標作用。

顏色的應用會影響人的生命體

顏色的應用，對人的影響十分大。會影響到人生命存活幸運度。我曾在《如何選取喜用神》一冊書的序中，談論到高雄市議員林滴娟在大陸海城遇害的問題。這其中就帶有許多顏色的問題。

因為林滴娟小姐的喜用神為木火助旺的格局，以代表南方的紅色為最佳的吉色。然而所交的男友，及男友所開設的『青海貿易公司』，則表現出忌神的北方水色和黑綠色，是屬於寒色調的顏色，自然相剋。再加上流年、流月、流日、流時的運程不吉，那一年剛好走『羊陀夾忌』，夾太陽化忌之年，就會因男人的問題而有生命之憂了。

顏色可治療命運中的傷災、血光的問題

許人都常可感覺到『天有不測風雲，人有旦夕禍福』的事情。像這次印尼峇里島的爆炸事件，造成很多的死傷。一般人都很難預

料恐怖組織會在何時、何地來引爆炸彈。但在命理上，人可以為自己檢視運氣，在自己的命盤上找出傷災、血光的時間、地點。這些時間、地點也會有顏色的類別包含其中。倘若是忌神顏色所代表的時間、地點，三重逢合時，傷災、血光的問題就會發生。這其中包含了所有的交通意外和其他的意外。會傷及人身體、生命的意外事件等等。

就像這次在峇里島遇害的女性牙醫的情況也是一樣。爆炸案是火引爆的。故其人的忌神肯定是火。又在南方遇害，故也是忌方。因此紅色對她不吉利，也不適合穿紅色的衣物或用紅色。她應該穿白色、水色、藍色的衣物，向北方行較順利。

另一種是八字命格中水多的人，或是申、子、辰年生人，或是命格中有武曲化忌、廉貞化忌、巨門化忌的人，容易有車禍傷災。

此時要用火來救助。要多穿紅色衣物來暖命，才不會被金水所傷及而遇嚴重的車禍或血光之災，或易開刀等嚴重的事情。紅色就是可治療命運中傷災、血光問題的良藥了。

命格中火多欠水的人，要是再不注意多用寒色調、金水類色系來維護自己，折損生命、遭意外的狀況也是非常嚴重的。

顏色可改變及塑造人周圍的磁場

當一個人運氣好的時候，我們很知道自己的方向、目標、心中想要的是什麼，因此會努力去尋找有利於自己的資源，或極力維護自己周遭的環境資源。還會向外開發資源，形成對自己良好的磁場，你會用對你需要的顏色。當人運氣不佳時，方向感模糊，凡事都怠惰不順，這時候你往往會用不對顏色，容易用到忌神當道的顏色。因此要用與忌神相反的，而且是和你喜用神相合的吉色來改變及塑造你個人周圍的磁場才行。倘若一味沈緬於對自己運氣不佳的顏色狀態之中，無法自拔的人，就躲不過災害的發生了。用顏色的修正，就可改變自己周圍的磁場，趨向好的、富足的，凡事順利、少煩憂的磁場境界了。所以簡而言之，用顏色來改運，就是改變磁場、增加自己磁場中資源的問題。

顏色可增加運氣、提升運氣

人常常在聰明的時候，都會運用聰明的顏色。例如在運氣好、又賺錢多的時候，也是財運旺的時候，就會用帶財的顏色。例如是合於自己喜用神的吉色和多用明亮的黃色。人在自己運氣不佳時，容易對忌神當道的顏色感興趣，而對屬於自己喜用神的吉色有排斥現象。這就是命窮的現象了。所以我們要搞清楚自己真正喜用神的吉色是什麼?躲避和禁止使用忌神所屬的顏色。而強制應用喜用神的吉色,自然能增加好運、提升好運了。這就是用顏色來改變運氣的真正方法了。

有些人想升官,想在考試上會贏得勝利,找工作成功、找貴人來幫助自己,想人緣好、交際廣泛、想要結婚找對象、想達到一切順利的人生,所有的事情皆是可運用顏色來達成提升運氣的幸運法寶。甚至用顏色來達成偏財運的促進,也不是件難事。端看我們如何運用顏色,方法對不對了。是故,顏色在我們人類的日常生活中是缺其一不行,非常重要的生活元素和行為法則。有了這項知識,人才會生活得更好、更舒適。也可以說,運氣就是由顏色來主導的了。

如何選取喜用神

（上冊）選取喜用神的方法與步驟
（中冊）日元甲、乙、丙、丁選取喜用神的重點與舉例說明
（下冊）日元戊、己、庚、辛、壬、癸選取喜用神的重點與舉例說明

每一個人不管命好、命壞，都會有一個用神和忌神。
喜用神是人生活在地球上磁場的方位。
喜用神也是所有命理知識的基礎。
及早成功、生活舒適的人，都是生活在喜用神方位的人。
運蹇不順、夭折的人，都是進入忌神死門方位的人。
門向、桌向、床向、財方、吉方、忌方，全來自於喜用神的方位。
用神和忌神是相對的兩極。
一個趨吉，一個是敗地、死門。
兩者都是人類生命中最重要的部份。
你算過無數的命，但是不知道喜用神，還是枉然。
法雲居士特別用簡易明瞭的方式教你選取喜用神的方法，並且幫助你找出自己大運的方向。

第一章　命理上顏色的分類和內含意義

中國的命理學起自於陰陽的觀念，也起自於中國古老的傳統思想。而在這種歷史悠遠的思想中，顏色和人類的生活、歷史的演進始終有密不可分的淵源。

中國用色彩最早的起源

在中國最早的時候，因為有人對宇宙間萬物的事情感到興趣，因此產生了要將萬物分類歸納的方法。我們現在確定他們是用一種演繹的公式來解釋所有的自然現象和抽象的觀念。所以有了陰陽之說，也有了五行之說。像輕重、緩急、剛柔、天地是陰陽的觀念。而以土、金、水、木、火為五行。五行的觀念又可用來延伸至其他方面。陰陽的觀念無所不在。五行的觀念也無所不在。上至天上的日月、星辰、晝夜、四季時令、神祉。下至方向、人的身體、食物、服色、道德、疾病等事情，甚至國家的制度，帝王的系統都是在陰陽五行的思想學之內的東西。

在戰國時，齊人鄒衍做了一篇《主運》，創造了『五德終始說』。以黃帝得土德，有黃龍地螾之祥，故服色尚黃。後來禹據木德而興，就換用了青色衣物。是木剋土而興起的。商湯以金德剋夏木，故服色尚白。周文王以火德剋金，故服色尚紅。每個朝代都有其表德的符應和服色及制度。所以後來秦始皇兼併天下，就用水德的符應，將衣服和旌旗都用了黑色。到了漢武帝時，正式宣佈改制，定曆法，服色尚黄、數用五，以土德自居。因此在中國的古代時，『定服色』是和『改正朔』是同等重要的事。是故也可證明，古代的中國，就很重視顏色的問題，它和國號同等重要。並且也有自己一貫的思想系統和內含意義的系統。

現今的人老是認為中國人沒有像西洋一樣精密的色彩觀念，老是大紅、大綠的，又不懂得配色。對於顏色十分落後。這種觀念是不對的。

中國自有一套對顏色的哲學理論

中國人自古以來就很重視顏色的運用。而且很尊重顏色，還對顏色有自己一套的哲理思想做根基依據，這在外國來說，則是根本沒有的事情，因此豈可說中國人不懂顏的運用呢？

用顏色改變運氣

中國人對於顏色的哲理依據就是五行之說的依據。

中國的命理學，統傳於易經，也用五行之說來演繹命運。是故中國命理上所談之顏色，就是傳承於固有的中國哲理思想中所代表的顏色。如此一來，我們就很清楚的知道了五行的顏色就是土、金、水、木、火的顏色。

土——代表黃色。

金——代表白色。

水——代表黑色。

木——代表青色。

火——代表紅色、赤色。

五行之色是五大色系的代表

中國人所談的五行，土、金、水、木、火等五種顏色，實際上是宇宙中所有萬物的五大色系。所有黃色的、不論深或淺的黃色，都統歸於『土』這個代表系列了。所有深淺不同的綠色、青色，也都統歸於『木』這個代表系列之中。所有的白色近似的顏色、金屬色、硬的東西，如刀、斧、銅器、石器、石頭等的顏色歸類於『金』這個代表系列之中。所有黑色、流動的、透明的、神秘的物質，都歸於『水』這個代表系列之中。所有的紅色、絢麗的、熱的、火性物質的東西，都歸類於『水』這個代表系列之中。這是一種歸納法、比較好管理應用。大致上看來，比較沒有彩度和色階的問題。只有感覺上、磁場變化的問題存在。

中國人的顏色更會代表許多不同的意義，譬如前面所說的代表時令季節、代表方向、也能代表數字、代表寒溫，代表實際的物品。更可以代表易經中的卦位。也能代表天地、自然界的地形。

命理上顏色的分類，就是以『五行』的內容來分類的。顏色也是五行的符號之一。五行也可由顏色來發展中許多不同的內含意義。

下面是顏色經由五行所衍生出來和人有關的分類及內含意義的簡表。

顏色	紅色	綠色	土黃	白色	黑色
五行	火	木	土	金	水
方向	南方	東方	中央中部	西方	北方
季節	夏季	春季	長夏	秋季	冬季
形狀	尖形或三角形、山形	高瘦及豎立長直的長方形	梯形或地基大、下大上小的形狀	圓形、發亮的物體、玻璃或金屬所形成的物體	低矮平的形狀、波浪型、深色不顯眼的形狀。
地點	熱鬧、雜亂或外表絢麗的地方，以及商業繁華的地方。	代表新城市、學校、保守、重面子和禮儀的地方。	代表鄉下地方、保守、知識未開化的地方、純樸之地。農會、地窖、寺廟。	代表石頭多、堅硬的地方、競爭多、爭執多的地方、戰爭與進步變化快速的地方、用錢多的地方、法院、銀行。	代表冷清、少人到達的地方、沼澤地、水邊，神秘、無法瞭解，或有宗教色彩的地方。如教室、修道院、道觀。
五氣	熱氣	風氣	濕氣	燥氣	寒氣
在人身體上	代表血、汗、代表舌、心臟、小腸。	代表筋、淚水、代表肝、膽、代表眼睛	代表口、口水、體肉、脾臟、胃部	代表鼻、流涕、代表毛髮、皮膚、肺部、大腸	代表耳朵、唾液、骨頭、腎臟、膀胱
五味	熱氣	酸味	甘味	辛辣味	鹹味
在精神上	代表元神、神情、喜樂、笑聲。	代表靈魂、怒氣、呼叫聲	代表意識、思想、歌聲	代表魂魄、魄力，代表憂愁、哭聲	代表立志、意志力、恐懼、呻吟聲

伏羲八卦方位圖
又名先天八卦

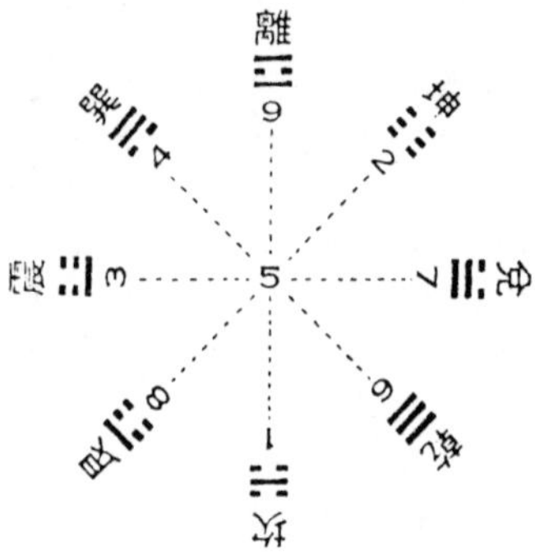

文王八卦方位圖
又名後天八卦

紅色——五行代表太陽、南方、數字9，代表離卦『☲』，也代表尖形的山。

綠色——五行代表木，又代表東方，代表樹木、數字3，代表震卦『☳』，代表雷電。在地形上代表高直豎起的地方。

黃色——五行代表土，又代表中央、中間，代表泥土，數字5，代表平坦的地方。在地形上代表梯形的地方。

白色——五行代表金，又代表西方，數字7，代表兌卦『☱』，代表石頭，也代表沼澤。

黑色——五行代表水，又代表北方，數字1，代表坎卦『☵』。代表月亮、也代表水。也代表江河和海。

◎其他介紅色和綠色、青色中間的顏色，是木火皆有的顏色，代表巽卦『☴』。代表東南方，代表風，數字是4，代表地上的氣流。

◎介於綠色和黑色之間的顏色，是水木皆有的顏色，數字8，代表東北方，代表艮卦『☶』，代表山。在地形上代表高突的山丘。

◎介於白色和黑色之間的顏色，是金水皆有的顏色，代表西北方，代表乾卦『☰』，數字6，代表天。也代表極高的地形。

◎介於白色和紅色之間的顏色，是金火皆有的顏色，代表西南方，代表坤卦『☷』。數字2，代表地。也代表極低的地形。

顏色與數字之間的關係、變化、相互為用

顏色既然代表卦位，顏色和數字之間的關係就應運而生了。最早的河圖、洛書出現時，就代表的是數字、數學的問題。顏色又經由五行的轉變、和數字搭上了關係，形成了緊密、不可分的靈動意

象。

河圖中的數字與顏色

其實自古以來，數字和顏色的代表，是有多次變動的。例如『河圖』中說『天一生水，地六成之』，可見『一和六』是代表坎位、水的顏色（黑色）。『地二生火，天七成之』，可見『二和七』是代表火的顏色（紅色）。『天三生木，地八成之』，可見『三和八』是代表木的顏色（綠色），『地四生金，天九成之』，可見『四和九』是代表金的顏色（白色）。『天五生土，地十成之』，可見『五和十』是代表土的顏色（黃色）。

洛書中的數字與顏色

洛書中『戴九履一，左三右七，二四為肩，六八為足』。

把『一』放在坎位，代表黑色。『九』放在離位，代表紅色。把『三』放在震位，代表木，綠色。把『七』放在兌位，代表金，白色。把『二』放在坤位，把『四』放在巽位，把『六』放在乾位。把『八』放在艮位，這些都是兩者之間的相間色。因此洛書和『文王八卦』（又稱『後天八卦』）的位置與數字是相合的，所代表的顏色也是相合的。

河圖

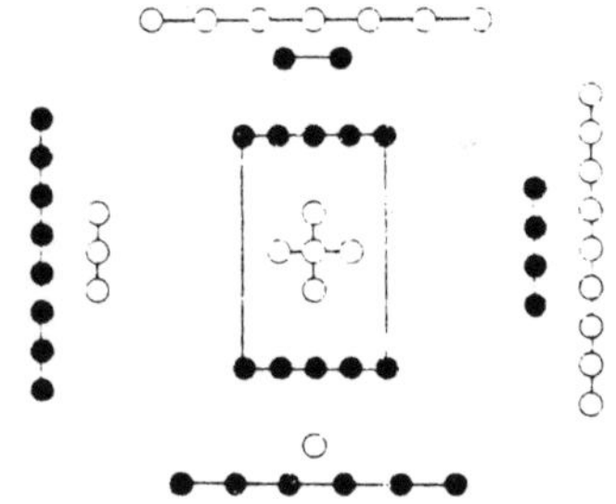

洛書

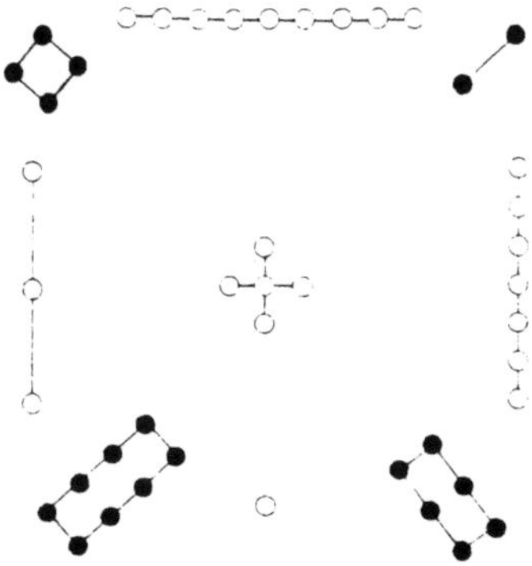

現在的人常用的數字法『1、2』代表甲、乙，代表木，也代表綠色。『3、4』代表火，也代表紅色。『5、6』代表土，也代表黃色。『7、8』代表金，也代表白色。『9、0』代表水，也代表黑色。這是由干支與五行的觀念所結合起來的。

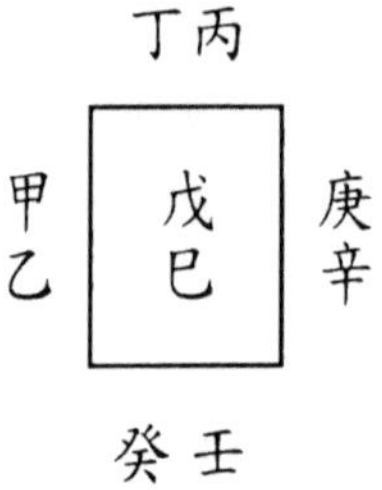

現代人把顏色與數字用得最好的用途，就是用於買樂透彩券的機運了。無論你的計算能力多好，也總脫不了適合你會中獎的數字，就是你喜用神顏色所代表的數字範圍。也就是說，你的喜用神是火的人，最吉、最關鍵的數字，就是『3、4、5、6』這些數字。你的喜用神是金水格局的人，你最吉、最有用的數字，就是『7、8、9、0』這些數字。若你的喜用神是木的人，最吉、最會發的數字，就是『1、2、3、4』等數字了。再用年、月、日、時的干支來相合，或用衣物的顏色、風水的顏色來製造極佳的環境，也就會更能促進暴發運了。

由此你可更清楚的觀察到顏色與數字之間相互為用的關係了。

由中國一貫的道統來分析顏色，這就是屬於中國專有的、具有哲學理念的色彩學。它包含了許許多多、複雜的內含意義，但它的分類卻是簡單的，一目了然的。而命理學就是根據這種傳統，根據如此的哲學思想理論來運算、演繹各人的命運。所以命理上所談之顏色，其淵源之根本就在五行所代表之顏色上。倘若我們失去了這種理論基礎，便很難講得清楚，中國人是用何種方式在瞭解命運，也很難知道是如何在修改命運的了。

第二章　顏色在心理上對人的影響

顏色在心理上對人的影響，是古代時的人就發覺到的了，不是現今的人才瞭解的。要不然古代人，就不會把易服色和改正朔視為同等重要的國家大事了。

一般人對於顏色的看法，在自己的心中，都有自己一套的定論，喜好不同，但綜合起來說，大致在感覺上分為寒色調與暖色調的心理感覺是會一致的。寒色調會使人有寒冷的感覺，心會沈靜下來，會較穩重、穩定，也會瑟縮、活動的意願不高。暖色調的顏色，會使人有熱血沸騰的感覺，也會有快樂興奮的感覺，好動、熱鬧、活潑，也喜歡展現自己美好的一面。

顏色在人的心理上對人的影響十分之大。每一個人在自己的紫微命格中都有一個專屬於自己的顏色。這也是每個人命格中所包含的顏色。亦是每個人命格中最原始的顏色。但是這種最原始的顏色卻不一定是最適合、或最有利於你的顏色。但是它卻是影響你思想、行為上最直接的顏色。在下一章的章節中我會告訴大家，每個命格中所包含之顏色。此處先講顏色在人心理上所產生的影響。

我們每個人想算命，首先會聽一聽命理師跟你敘述一下你的性格。這是讓你自己先考察一下，說的是不是自己。接下來命理師應該會建議修正行為的方法。這就是教你在改善自己運氣方面的事了。倘若一直在敘述你的性格、行為，而沒有提供改善之道，或建議方法的，就不是在算命、論命了。因為那一個人不知道自己的性格呢？自己和自己相處了幾十年，難道自己還不認識自己嗎？還需要別人來介紹自己這個人嗎？

但是有許多人並不知道自己的某些行為、思想是對自己不好的，對自己沒有利益的，因此需要命理師來提醒你，怎麼做？才會將運氣上提升，使自己找到好運。

顏色和磁場是人生的大問題

通常人最容易犯錯的，就是在顏色的用法，和尋找磁場的方向上面了。一直到賺不到錢，事業、人生有了磨難，內心極度苦悶，才會去找命理師來解救。但命理師的程度參差不齊，有時找得對人，有時找不對人。總會讓人又處於模棱兩可之間，更是茫然。找對命理師的人，可以立即得到人生的解答。讓你找到趨吉避凶的方法，讓你找到可以奮發的目標方向。反之，則仍然停留在迷霧之中。

顏色在所有人的人生中，可以幫你增加財運、事業運、人際關係、帶給你一切的吉運，增長人的富貴、合諧、順利。但顏色也能給人不順、不吉、困頓、災禍。這是一體兩面的事，端看你如何應用？如何順應自己心靈的磁場來運作而定了。

用顏色改變運氣

顏色為什麼會影響人的命運？這完全是因為顏色在人心理上、心靈上具有重要地位而使然。顏色會影響人的視覺，造成人精神感受的不同，從而引發磁場的變化，造成人的內在心靈與外在環境相應和、震動的頻率不一樣。震動頻率相合的人，便思想敏銳、心情愉快、凡事順利，我們謂之吉運。震動頻率不相合的人，便會思想呆滯、心情惡劣、凡事不順利、多見災禍、不吉，我們謂之厄運。

所以吉運和厄運完全是由人的心靈來評量的，而顏色就具有這種影響、觸動人心靈的力量。自然顏色就能影響到人的命運吉凶了。

例(一)

以前我在很多本書上都常談到顏色會對人的命運有所影響。例如幾年前有一位男子，來論命時，吊兒啷噹的，穿了一件大紅的花襯衫、行為乖張，也十分沒禮貌。失業很久，又聲稱多病痛、傷災，但外觀很好、看不出有什麼病。看了他的八字後，一目瞭然，火太多、缺水恐急。他又背道而馳，不但住在中部，而且喜穿紅色。並且說穿了很多年，一生最愛紅色。故其人窮困無用。這種人是非常頑固又衝動、很難說服的。況且他還抖著腿、一付『怎麼樣啊？看看你有什麼辦法幫我找到工作啊？』的姿態。

用顏色改變運氣

我建議他改穿白色、水色、淺藍色的襯衫，和一般上班族的西裝褲，把頭髮理整齊，到台北來找工作。並為他找出了好的、帶財的流月，以及對他有利的磁場方位。要他睡覺時的頭向朝向北方，屬於自已有利的磁場方位。找工作、住屋時，也朝向自已所屬的北方磁場方位。

起先，他還一直反駁說：很多年來他一直喜歡這麼穿，不想改。但是我跟說：『試試看嘛！試一個禮拜，或三天，要是不會頭痛了、身體輕爽、精神好了，就知道有效了。這時候人也會聽明、會想很多事情，考慮到很多問題，運氣就會來了。』後來他將信將疑的走了。

二個月後，居然他又來找我了，這次換了一個人似的，我都不太認得出他來了，居然穿著白襯衫和西褲，非常整潔、神清氣爽的。而且態度說話都斯文有禮貌了起來，讓周圍的人都很訝異。據他說，他已在台北某間賣汽車的公司找到了工作。這次來是想請問我，到底他會在那間公司做多久？我覺得這個問題有點好笑，能做當然一直做啦！難道剛找到工作，就想跳槽？他說：不是這樣的。因為以前別人看見他，都像見了鬼一般的，躲著他。現在居然有人想找他一起去做生意，所以他想去做生意了。不知可不可以？

我跟他說：你是『機月同梁』格的人，適合做薪水族，不適合做生意。況且做生意要資本，就算是你有資本，也是起起伏伏、不保險的。所以最好安份守業，只進不出，以防有失誤。

但是他又說：朋友要他入的是乾股，不必拿錢，只要出力就好。反正他是孤家寡人，只有佔便宜的份，吃不了什麼虧的。

我說：你要是這麼想，我也沒話說。但是我還是覺得不合適的。因為按照常理來說，生意不論是做得好、或做不好，最你還是會走人的。到時候，你損失了光陰、時間、歲月。而錢財、事業又都沒有著落的時候，豈不是吃了大虧了。倒不如在現在的公司好好努力、經營、有穩定的收入，建立家庭、經營人生。而不是只能做一個有虛名沒薪水可拿的老闆。請你再多多考慮。

他想了又想，答應再回去考慮。

用顏色改變運氣

顏色會改變人的命運，是由喜用神所代表的顏色所主導的。喜用神是由八字格局中所演算出來的，它也是每個人的磁場方向和磁場環境。這是一種經過修正後的磁場環境。也是一種經過改正八字命格中五行生剋的磁場環境。因此喜用神對我們很重要。每種喜用神都有各自相屬的顏色。它是代表我們吉方、財方、生旺之方的運氣所在。和它相反的是忌方、死方。這就是不吉的，是會相剋人的磁場方位。嚴重時會致人於死的位置。忌方、死方也會有顏色代表，會是不利於我們的顏色。因此我們要小心應用。

例(二)

有一女士來論命，她和夫婿在新竹科學園區開設一間電子公司，十分忙碌，是為了到大陸投資新廠的事來問事的。

這位女士認為辛苦多年，已有了錢了，在美國也置下房屋，實在不必再太辛苦，應該可以輕鬆一下了。但是先生認為應該到大陸開創更高的格局，因此很堅持要到大陸去設廠。這位女士來問到到底適不適合？

這個女士從八字格局中看出喜用神需火，她從事的電子業屬火金，算是合適，但會非常辛苦，喜用神需火的人，就需要紅色，也喜歡待在南方，是較吉的位置。我以前常說：人天生有趨吉避凶的能力，也能自己感覺出自己的吉方。倘若感覓不出來的人，多半是八字上有刑剋問題的人。所以感覺不靈敏。而這位女士感覺出北方是忌方，所以一直不想去。既然如此，她的先生喜歡北上打拚，他的喜用神一定是屬金水系列的囉！一點不錯，她把先生的命盤拿出來一看，真的是喜用神需水的。因此我建議她，替先生管理台灣這方面的工廠、公司。偶而到大陸走走。多穿紅色、深淺不同的紅色，會減少疲勞度，也會身體健康一點。

這時候，她突然想起在美國家中的兒子，一直咳嗽生病不好，很是擔心，並言道，美國家中，因為聽從命理師的建議，在家中屋舍外做一個人工瀑布，她還叮囑兒子每天要打開瀑布的開關，讓瀑布流動。可是兒子這幾天已病爬不起來去打開開關了。讓她十分擔心。我讓她把兒子的生辰八字拿出來看。嚇然發現其兒子的喜用神也是要火的，而且命格太寒涼。於是告訴她，立刻打電話去美國，告訴兒子，瀑布暫時不要開，換穿紅色系列的衣物，精神會變好，病情會減輕，她說，兒子一直喜歡穿白色、黑色的衣服，這是時下年輕人喜歡的顏色。兒子非常乖，但他們夫妻太忙，故始終放兒子一人在美國家中看家，一年中只回去一、兩次。

當初命理師為他們做的風水瀑布是根據一家之長、男主人的命格所排定的，也沒有錯。但是男主人根本不在家，因此和磁場相應和的能力小。而兒子一人獨自在家中，朝夕感應忌神當道，自然容易生病了。男主人要做風水瀑布來增進運氣，應做於自己常活動的住屋或辦公室附近較佳。要自己身臨其境，才會有效，也才會受運。

例㈢

有一位新加坡藉的年輕朋友來找我論命，本身是從事半導體的工程師。他是由於加入台商在新加坡所設的公司，再轉派至南科工作的。他是由於婚姻問題和找貴人的問題來問命的。

這位朋友的喜用神需要壬水。在新加坡時一直無大發展，後來進入台商的公司工作，稍為好一點，如今派來南科，已經往北走了，運氣就更強了。我告訴他說，將來公司派你至大陸北京、上海等地工作，你的事業運會更好、職位更高。命格是主貴的格局，努力一點會有更高的成就。

在婚姻方面，這位朋友面臨妻子下堂求去的危機，十分煩惱，搞不清是否要結束這段婚姻。因為『破軍、地劫』坐命的妻子想去參禪入佛門修道，想要離婚，以求六根清靜。這對於一般會離婚的狀況來說，有些離奇。不過『破軍、地劫』坐命的人，是容易進入宗教信仰環境的人。命格上顯示出來的是：這位朋友是武殺坐命的人，夫妻宮是天相、文昌、文曲。從命格上顯示出來的是這位朋友和他的配偶都是對『性』趣特別有興趣的想法、觀念，而且因此而結婚的。果不其然，他告訴我，太太比他大三歲，兩人是先有關係再同居，後來才會登記註冊的。因此這一切的狀況，都是行運的關係所造成的。

人的夫妻宮，不但會顯現出配偶的長相、身材，也代表出顏色出來。是不是很奇妙呢?此人的夫妻宮是天相、文昌、文曲在未宮，天相是壬水，是白水，也是白色。文昌屬金，也是白色，文曲是癸水是黑水，屬黑色，天相在未宮居得地是60分。文昌在未宮居平是30分。文曲在未宮居旺是80分。倘若你把六十份的白色水加三十份的白色顏料，再加八十份的黑水加在一起是什麼顏色呢？自然是灰色調的中間色了，但會偏白一些。因此他的夫妻宮就代表其人的配偶膚色略白、身材姣好、婀娜多姿、前凸後翹，身材曼妙、長相美麗。如果在丑宮，更是十分傾國傾城的美人，如楊玉環一般的了。在未宮是稍遜的，只是一般的豐臀細腰的美女而已。如果不是這般長相的人，如果是較黑、瘦小、或太高大的女子，便不是真正的配偶，很可能婚姻不長，或結不成婚，無法白頭到老了。

這位朋友告訴我說，目前的太太是黑瘦、身材小的人，可見這段婚姻是岌岌可危了。

紫微命理中每一顆星曜，都有其特屬包含的顏色。也會因所坐落的宮位不同，而顏色稍有深淺或偏紅、偏青、偏黑又偏白的不同狀況。

而且紫微星曜在各個六親宮或事宮出現時的意義及代表顏色也各不同。有關於各個紫微星曜所代表的顏色，各位可以參考第三章各個紫微命格中所包含的顏色來看。不過各位要注意的是：許多宮位中有多個星曜，例如有兩個以上的主星，又加上羊、陀、火鈴、地劫、天空以後，這些羊、陀、火、鈴、劫空本身也有顏色，也會因所坐的宮位旺弱而有不同。因此宮位中有太多的星曜時，其顏色就會複雜，或為一種混合後髒兮兮的顏色，或第三次色。也會明度不高、彩度不高，不太好看了。

例(四)

朋友的小孩要考大學參加甄試，但功課奇爛，也不愛讀書。最糟的是每天懶洋洋的提不起勁來。十八歲的大男孩了，卻十分乖巧，常待在家中房間內，也不看書，只聽聽音樂，做做白日夢。父母用罵的、哄的，全都不行，他就是提不起勁來唸書。於是朋友唉聲嘆氣的把兒子的生辰年月日告訴我，讓我替他看看，是否還有希望考上一個學校。

這個男孩子是空宮坐命申宮有同梁相照的人。雖然是空宮坐命，財官二宮還算十分不錯的。稍微看了一下他的八字後，赫然發現支上成火局，命格缺水極嚴重，要直接以壬水來救助。喜用神就是壬水。怪不得他每日軟趴趴的，提不起勁來。而且他所叫的名字中也都是納音五行屬土的字，更增加了其人的鬱悶。還非常有趣的是此人有『陽梁昌祿』格，並且在考試的流月上，運氣還不錯。在一般人來說，會有六成的考上之機會。

於是我和朋友討論此子的命格，並且提出建議：第一、把他原來喜歡咖啡色、卡其色的衣物全部換掉，要他穿白色上衣和藍色長褲或水藍色的襯衫。以後都要這麼穿。第二、把他睡覺時的被子、床罩全換成水藍色。第三、把他房內的壁紙全改成白色。書桌朝北，讓他坐南朝北的讀書。床頭朝北，來改變磁場。書桌左上角放一個圓形小魚缸，養七隻小小的魚。第四、目前離考試太近了，暫時不改名，將來考完後，一定要改名字。要改納音五行屬金水、帶財、帶官的名字。第五、好好跟他談一談，告訴他：他的人生格局是怎樣的。我判斷他將來會走學術路線，現在不唸書實在太可惜了！而且這次有百分之六十險勝的希望，希望他好好把握。

我請朋友務必把我的話告訴其子。替他打氣，不要輕易說出放棄兒子的話來。和其子討論、溝通時，也要心平氣和、用溫和的態度來就事論事。朋友一聽，其子還有希望，自然是歡天喜地、滿口

▽用顏色改變運氣

答應，回家去溝通、佈置了。

三個月後，朋友要請我吃飯，我才知道，他的兒子真的考上大學了，而且還比他們所想像考的好。志願還向前推進了！

朋友對我說：『真是奇怪了，當初我認為你那幾招不怎樣嘛！只是死馬當活醫罷了！真想不到，還真是有用。現在我兒子也喜歡讀書了。考完試後，還主動跟我要求，要去補習班學英文。他說他的英文實在太差了，要快點跟上去才行。現在還計劃將來出國唸書。真是和以前不一樣了呢！』

我告訴他說：如果兒子可去歐美國家讀書，將來成就會更大。因為他就是需要金水格局的人，磁場方向在那邊，千萬不要錯過了。

這位一向認為算命是迷信的朋友，自然是搞不懂，為何用這麼簡單的方法，就可幫他把兒子的前程找回來了。以前罵了那麼久都沒用，現在全像變了一個人似的，十分神奇。其實真正懂得命理的人，就會知道顏色對人的影響很大，它也是主導人的磁場變化的關鍵所在了。

例(五)

親戚有位小男孩，在小學一年級的時候，一連換了數個學校。有的是一個月都沒上完課，就被老師請家長去，強逼轉學了。因為學校老師說，這個小朋友有暴力傾向，是個過動兒。他的母親非常生氣，但他常打斷同學的手臂，或踢到剛開完盲腸炎的小朋友的肚子，又把別人的肚子踢爆了。其實他的父母也非常煩惱，也常教訓他，但還是天天發生事情。最後轉學到山上的森林小學了，還是一樣。他媽媽的手機都不敢打開，因為天天有老師來告狀，或別的家長打來罵人。一會兒是把別的小女孩推到池塘中差點淹死了，一會兒又打破別的小朋友的頭要縫幾針。他的媽媽前一天要開車帶別的受傷的小朋友去做骨折復建，後一天又要帶另一位小朋友去療傷，也真是煩不勝煩。

有一天媽媽拎著小男孩來找我，看看怎麼辦？這位媽媽恨恨的說：『我看！不是你死，就是我死！這樣的日子怎麼過呢？』

我勸她不要說這樣的氣話，小孩子會這樣一定是有原因的。

首先看一看他的生辰八字，發覺這個小孩命中水多、命格太寒涼了。急需要火來暖命。他一定是常常感覺不愉快，而要發洩，也常覺得別人沒有善意，而有報復之心。或是有時自做聰明、開個小玩笑，卻沒想到弄得十分嚴重。往往出手太重而不自知。

我提議到他家去看看。一到他的家才發現，小男孩的房間單獨的位於他家北方的房間，離父母的房間很遠，中間隔著一個大客廳。關起房門，很可能在裡面大叫，父母都聽不見，十分孤獨。房間中放滿玩具小汽車。而且房間中全是以藍色為主調的設計佈置。感覺十分陰冷。

在家中的狀況，妹妹和父母同住一間房間，父母都上班很忙。就連女傭的房間都在父母房間的隔壁。這個小男孩像被刻意的孤立了起來。

於是我建議這位媽媽：立刻把小男孩的房間和女傭的房間對調，因為女傭的房間在南邊的位置。並把房間中的顏色主調都改為暖色調或紅色調的顏色。尤其睡覺時的蓋被、床罩，改成帶有紅色圖案的顏色。睡覺時，床頭朝南。玩具小汽車全部收起來。買一台電腦、放一些書架、讓小男孩有成熟一點的心境，不要只想到玩。

在小男孩身上的衣服方面，也要多穿紅色系的衣物才行。

小男孩抗議了，『我不要穿跟女生一樣紅色！』

這位媽媽也說『女傭的房間離我們太遠，不方便照顧妹妹，而且房間這麼小。』

我對小男孩說：『不一定是全紅的顏呀！紅格子、條紋的衣服、襯衫也很好看。穿了以後臉會紅紅的，人就更帥氣、英俊了。你不是也看到好多男生也都穿過嗎？你看蜘蛛人也穿紅色衣服嘛！也很好看呀！』

小男孩不說話了。

我又對這位媽媽說：『小孩子缺火缺的厲害，那間房間不適合他，而且離爸媽太遠。實際上，誰住那個房間都會與這個家庭有隔離感覺。小孩子還小，及早幫他改變一下環境還來得及，不要等到小孩長大了，成為大人一生的痛，那就來不及了。你可多考慮一下。』

一個月後，親戚和我連絡說：我告訴她的話，她全做了。這個月小男孩沒搗亂、犯事。狀況變好一點了。三個月後，親戚又告訴我，現在小男孩功課有進步了，也沒再打架，和妹妹相處得比較好了。一年後再見面時，親戚告訴我說，這個小男孩在學校還拿到二張獎狀，一張是運動競賽的獎狀，一張是畫畫比賽的獎狀。看來以前囂張跋扈的樣子不見了，而且將來所有的人也不再會記得小男孩幼年的一段令人頭痛的暴躁時期的。

用顏色改變運氣

例(六)

我的弟弟有一個小女兒，長得漂亮、可愛，但常有傷災，時常在家庭聚會時不見人影。她的媽媽常推說，有別人帶她去玩，所以不能來參加聚會，可是事後得知，又是因為傷災嚴重，關在家裡，以免爺爺奶奶看見，會讓她的父母受責備。

小女孩經常受傷，因車禍手臂斷過，因跌倒臉上有多次縫合的疤痕。這樣繼續下去，十分危險。

於是有一天，我向弟弟要了小女孩的生日時辰，並向他建議說，把小女孩房間和哥哥的房間對調一下。再把小女孩的房間改用粉藍的色系來佈置。也要將小女孩的衣著改為水色、白色、藍色的系列。書桌朝向與床頭朝向改為朝北或朝西的方向。室內的娃娃玩偶也要穿水色系、寒色系的衣物為吉。

弟弟和弟媳卻不以為，一致認為小女孩就是要穿紅色和粉紅色的衣物、用品才可愛。但是我告訴他們：穿得再可愛和臉上都是傷疤，那也再漂亮不起來了。而且常常跌破在眼睛四周、五官上，實在危險，若造成失明或殘障就後悔莫及了。

弟弟和弟媳想了一下，就立即動手去改善了。自那次以後，小女孩一直都很平順，沒有再發生過受傷的情形。這是他們到今天都覺得奇怪的事情。但也很服氣我的先見之明。

例(七)

有一位媽媽帶著上國中的女兒來論命。這個女兒胖胖的、臉上像有一層土灰色的顏色罩著，彷彿在鄉下生長的小孩。她很安靜，看起來脾氣很好的樣子。她的媽媽一直訴說著，女兒多懶，叫也叫

用顏色改變運氣

不動，凡事不用心，唸書也唸不好，將來不知要怎麼辦？

我看過她的八字以後，真的是土太多了。需要用木來疏土。於是建議媽媽，平常給這個女兒穿綠色系列的衣物。也要把她房間的被子、床罩改為綠色或室內佈置改為綠色多一點的設計裝潢。書桌和床頭向改向東方．書桌左上角放一盆小形花木或植物。用仙人掌也沒關係，這樣來增加她的奮發力。

這位媽媽將信將疑的問：『這樣的有用嗎？平常她都喜歡紅色的衣服耶！她算不算是木火旺的人呢？木火旺的人是不是就不缺火了呢？』

看來這位媽媽似乎是懂一點命理的人，但不全懂。

我說：『這個女孩是火增土旺的命格，就是缺木，而土重。所以要用木來疏土。改穿綠色衣物，深的、淺的綠色皆可，都是能幫助她奮發的，而且是一定有用的顏色。』

三個月後，這位媽媽又來為另一個小孩算命，當我問及先前這一位女兒的狀況時，這位媽媽眉飛色舞的表示，目前這個女兒已變得勤快有活力了，家事會主動幫忙，有時也會和家人聊聊天，說說話，和家人關係變好了。並且在學校的成績也有顯著的進步。人也變得漂亮、瘦一點了。樣子也不再像以前笨拙不堪，現在變有自信多了。精、氣、神都好太多了。所以她這次又帶另一個小孩來算命。希望我再給這個小孩多一點建議。

顏色能改變人的磁場，改變人的心境，更能改變人的運氣，這是由人內心中所產生的變化，從而由內心再轉化到外在環境中，和環境產生磁場頻率的互動。這就是顏色能對人所造成最大影響的實例證據了。

紫微算命講義

本書是法雲居士集多年論命之經驗，與對命理之體會所成就的一本書。本書本來是為研習命理的學生所作之講義，現今公開，供給一般對命理有興趣的朋友來應用參考。

本書內容豐富，把紫微星曜在每一個宮位，和所遇到的星曜相結合時所代表的特殊意義，都加以一一說明。星曜在每個位置所代表的吉度，亦有詳細分析，因此本書是迅速進入紫微命理世界的鑰匙。有了這本『紫微算命講義』，你算命的技巧，立刻就擁有深層的功力，是學命者不得不讀的一本書。

*各個命格所包含的顏色

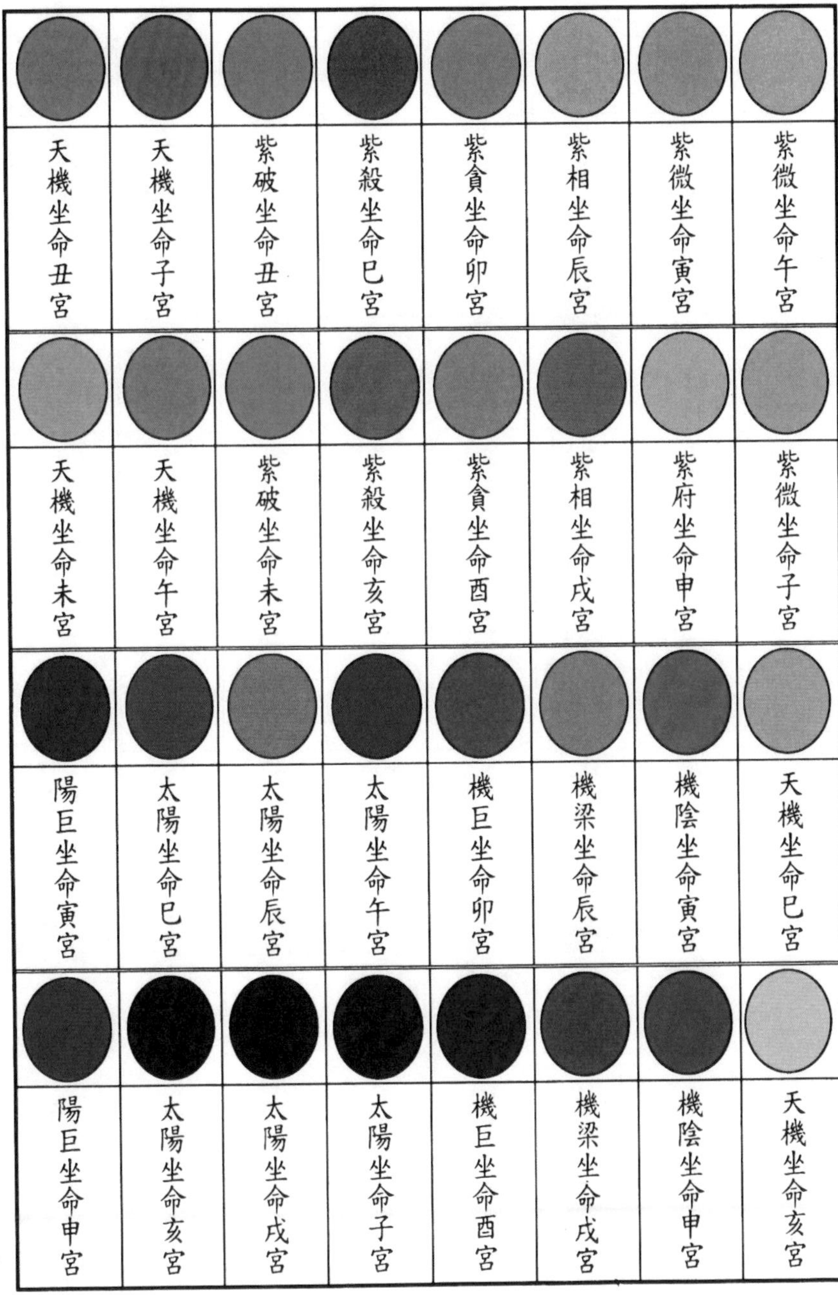

紫微坐命午宮
紫微坐命寅宮
紫相坐命辰宮
紫貪坐命卯宮
紫殺坐命巳宮
紫破坐命丑宮
天機坐命子宮
天機坐命丑宮
紫微坐命子宮
紫府坐命申宮
紫相坐命戌宮
紫貪坐命酉宮
紫殺坐命亥宮
紫破坐命未宮
天機坐命午宮
天機坐命未宮
天機坐命巳宮
機陰坐命寅宮
機梁坐命辰宮
機巨坐命卯宮
太陽坐命午宮
太陽坐命辰宮
太陽坐命巳宮
陽巨坐命寅宮
天機坐命亥宮
機陰坐命申宮
機梁坐命戌宮
機巨坐命酉宮
太陽坐命子宮
太陽坐命戌宮
太陽坐命亥宮
陽巨坐命申宮

*各個命格所包含的顏色

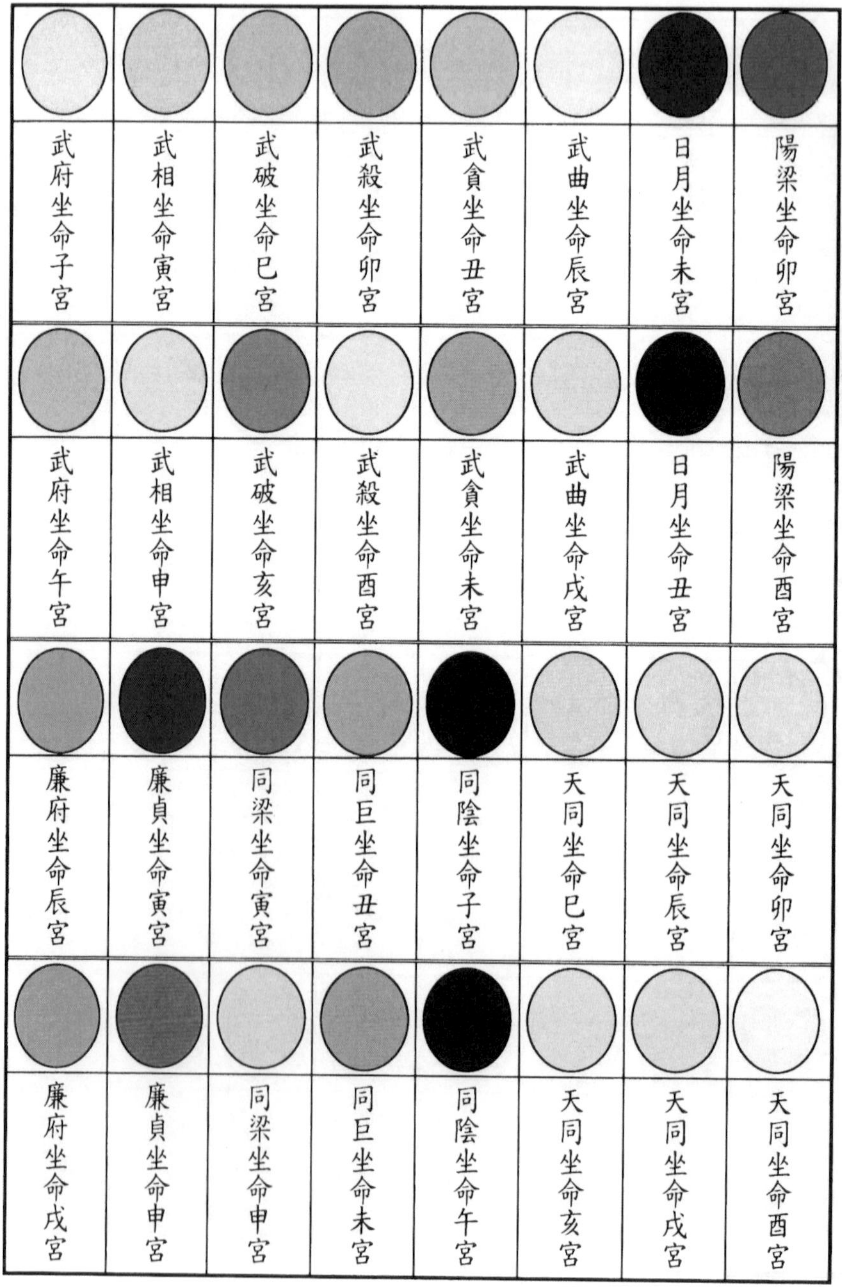
陽梁坐命卯宮
日月坐命未宮
武曲坐命辰宮
武貪坐命丑宮
武殺坐命卯宮
武破坐命巳宮
武相坐命寅宮
武府坐命子宮
陽梁坐命酉宮
日月坐命丑宮
武曲坐命戌宮
武貪坐命未宮
武殺坐命酉宮
武破坐命亥宮
武相坐命申宮
武府坐命午宮
天同坐命卯宮
天同坐命辰宮
天同坐命巳宮
同陰坐命子宮
同巨坐命丑宮
同梁坐命寅宮
廉貞坐命寅宮
廉府坐命辰宮
天同坐命酉宮
天同坐命戌宮
天同坐命亥宮
同陰坐命午宮
同巨坐命未宮
同梁坐命申宮
廉貞坐命申宮
廉府坐命戌宮

＊各個命格所包含的顏色

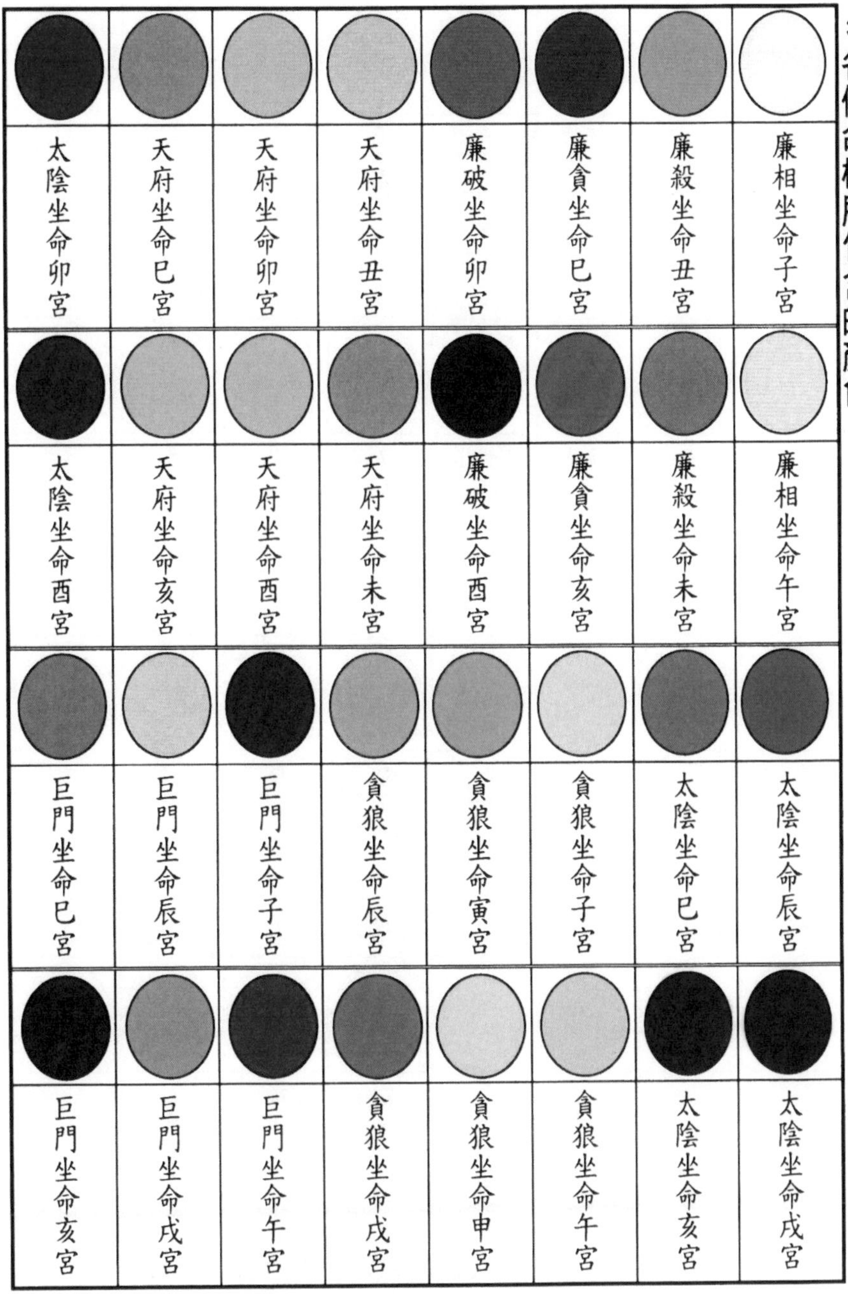
廉相坐命子宮
廉殺坐命丑宮
廉貪坐命巳宮
廉破坐命卯宮
天府坐命丑宮
天府坐命卯宮
天府坐命巳宮
太陰坐命卯宮
廉相坐命午宮
廉殺坐命未宮
廉貪坐命亥宮
廉破坐命酉宮
天府坐命未宮
天府坐命酉宮
天府坐命亥宮
太陰坐命酉宮
太陰坐命辰宮
太陰坐命巳宮
貪狼坐命子宮
貪狼坐命寅宮
貪狼坐命辰宮
巨門坐命子宮
巨門坐命辰宮
巨門坐命巳宮
太陰坐命戌宮
太陰坐命亥宮
貪狼坐命午宮
貪狼坐命申宮
貪狼坐命戌宮
巨門坐命午宮
巨門坐命戌宮
巨門坐命亥宮

各個命格所包含的顏色

七殺坐命寅宮	七殺坐命子宮	天梁坐命巳宮	天梁坐命丑宮	天梁坐命子宮	天相坐命巳宮	天相坐命卯宮	天相坐命丑宮
七殺坐命申宮	七殺坐命午宮	天梁坐命亥宮	天梁坐命未宮	天梁坐命午宮	天相坐命亥宮	天相坐命酉宮	天相坐命未宮
左輔坐命	文昌坐命	火、鈴坐命	擎羊坐命	破軍坐命辰宮	破軍坐命寅宮	破軍坐命子宮	七殺坐命辰宮
左弼坐命	文曲坐命	劫、空坐命	陀羅坐命	破軍坐命戌宮	破軍坐命申宮	破軍坐命午宮	七殺坐命戌宮

第三章　每個人命格中所包含的顏色

在命理學中，每個人有自己專屬的天然色。這是以人在命理上、膚色上、以及臉龐上所展現細微變化的顏色。若不精通命理的人，便很難分的出來。例如從八字中就可分出人臉色所帶有的顏色，是白皙還是粗黑。而紫微斗數會更精湛、更準確的指出此人原本的臉色和膚色。這就是由每個人命宮中所含有的星曜來顯示出來的。例如天同坐命的人，或命宮中有天同星的人，膚色和臉色都較白，性格也單純，他們也容易喜歡黑白分明的衣物用品，穿起來也好看。並且每個人也會因命宮所在的宮位，以及主星的旺弱問題，顏色會產生變化。命宮有雙星的人，顏色會更複雜。顏色會是一種混合色。

命理學中還有一種修正過的色彩。這就是喜用神所代表的顏色。喜用神是修正補足命格中有不足或缺失的地方的元素。它所代表的顏色也就是我們此本書所要講的重點——『用顏色來改變運氣』的重點。因此是十分重要的。

雖然人的命格中包含了兩種型式、用途的顏色，但我們不能不從根本上著手，要先瞭解每個人自己原本所帶有之色彩，才能再談如何改善運氣的顏色，這樣大家才能確實瞭解：為什麼要用喜用神的顏色才會對自己有利？到底這種顏色又幫助了自己什麼？

常有朋友和學生在問：**我的命宮在這一宮或在對宮有何不同？**

在紫微命理中，命宮所坐之宮位，和命宮中包含的主星星曜有密切的關係。命宮中的主星星曜代表命格的主體與性質。而命宮所坐之宮位會顯示出相剋或相生、主星星曜旺弱平陷的級數。也會顯示出這些星與距離地球的遠近。更會顯示出其人人生經歷的不同結果。自然也會顯現出顏色的趨向。例如命宮中有屬土的星，如紫微、天府、天梁等，在屬木的宮位（如寅宮、卯宮）會受剋。在屬火、土的宮位（如午、未、戌等宮）會有相生之意，也較旺。

如紫微坐命午宮的人，因火土相生，運氣就會比紫微坐命子宮的人，在人生歷程和所有經歷上，運氣好的非常多。財富、能力、境遇上都高出一大截出來。在顏色上，命宮是紫微在午的人，臉色會黃中帶白，或帶點紅色，紫微坐命在子宮的人，會黃中帶黑、容易曬黑，膚色是黃黑色（並不是古銅色）。

例如紫府坐命寅宮的人，寅中含甲木、丙火、戊土。土受甲木之剋，但木生火、火生土，仍有相生之意，故紫府在寅宮中，紫微居旺、天府居廟，紫府坐命寅宮的人，也會在幼年時辛苦，家中較窮，或身體不佳，至青年或中年離家後便會好了，也能具有財富了。其人的臉色或膚色會較黑、深的顏色，這是因為帶有木的綠色之故。

紫府坐命申宮的人，申中含庚金、壬水較旺，戊土較少，是虛浮的。庚金是食神、壬水是財，故紫府在申宮是洩財的。其旺度是紫微居旺、天府在得地之位。而紫府坐命的人，幼年生活較富裕，青年、中年較會遇到不吉之事較破財或家庭不順，而晚年是好的。其人的臉色或膚色稍白或會較黃中帶點微青的顏色。

每個人命宮所坐之宮位都具有其特別的意義。全都顯示了生、剋、制、化在命格之中了。如主星是屬金的星曜，如七殺、武曲等星坐於火宮（如午、戌）等宮，就會受剋，在得財上也會變少。在身體上也會較弱，在人生歷程上也會辛苦。要如何改善？便是要先弄清楚自己原本的命格本質是什麼？再來運用修正的色彩來改進，這樣就能確實改變人的運氣了。

另一方面，因為人有其天生之膚色，故要曬成古銅色並不是人人皆行的事。一定要命宮有火土相生的人，才容易曬成古銅色。故有些人曬不黑，有些人會曬成髒髒黑黑的顏色。

※另外還要注意的是：在此章前面備有各命格所包含的顏色表，各位可以對照文字來看。但這張表格中所顯現的顏色是理論上的顏色，並不是說你的臉就真的是綠色和深黑的了。命格中顏色出現在人臉上時，只有些微的差異，也是必須體會才能感覺出來的。是故命格中包含的顏色，是和人真實的臉上的顏色是不同的。

各個命格中所含有的顏色

紫微坐命的人

紫微屬土，故紫微單星坐命的人，基本上是土黃色。紫微屬戊土，是一種厚重的土。是故紫微坐命的人皮膚較厚，皮膚也會較暗。但是紫微坐命午宮的人，因坐命於午宮，膚色較亮一些，有時也感覺稍白。紫微坐命子宮的人，因坐命子宮（水宮），膚色會稍暗，感覺上是土黃偏黑一點。

紫微單星坐命的人，穿土黃色的衣物，淺咖啡色的衣物，都十分好看，這就是因土色是他們命格中的本色而同屬於一色系的關係。他們也較喜歡或習慣於土色系列的顏色。但最好還要看喜用神所屬的顏色來修正可運用的顏色為佳。命坐午宮的人，命宮的顏色是亮土黃色或亮的淺咖啡色、咖啡色，而命坐子宮的人，命官所包含的顏色是微黑、微灰的土色和咖啡色。

※講到膚色的差略，有些命格較明顯，有些命格則有很細微的變化，須細細體會才能通曉。

紫府坐命的人

紫微、天府命的人，本命也是土多的人。紫微屬土、天府也屬土，是雙重的土。是故紫府坐命的人，命格土多，而膚色也較土黃。命坐寅宮的人，因坐於五行屬木的宮位，木剋土，有受剋的現象，故膚色較黯沈點，是土中帶暗灰的顏色，也是土中帶有微綠的感覺。人也容易曬黑。而命坐申宮的人，因申宮五行屬金水，申宮含用中也有極少的土氣，故其人的膚色是土中帶白。膚色較白一點

（比一般命宮帶土之星的人稍白）。命坐寅宮的人，命宮所包含的顏色是帶點綠的土黃色。而命坐申宮的人，命宮所包含的顏色是帶白的土黃色。

紫相坐命的人

紫微、天相坐命的人，紫微屬土，天相屬水。坐命辰宮時，辰宮是帶水的土宮，因此天相會稍旺一點，但基本上還土多的命格。其人膚色會黃中帶黯黑，容易曬黑，成黑黯色，不夠明亮。曬黑了運氣也不算好了。

紫相坐命戌宮時，戌宮是火土宮，因此紫微星稍旺，天相星受剋，其人膚色曬一曬會發紅，是土中帶點黑，但可曬成古銅色的人。另一方面土的財是水。天相在戌宮是受剋時，財、福方面會比在辰宮的人會少一點。但仍能儲蓄有財。比一般大多數的人富有得多。

紫相坐命的人的命格，基本上仍是屬土的，顏色以土色、黃色為主的顏色。命坐辰宮的人，命宮所包含的顏色是發黯的深土黃色。命坐戌宮，命宮所包含的顏色是微紅深土黃色。

紫貪坐命的人

紫微、貪狼坐命的人，紫微屬土，貪狼屬木。基本上雙主星之間就有些土木相剋。坐命卯宮時，卯宮屬木，因此貪狼較旺，紫微受剋，因此此人在人緣和意外好運上較稍多一點。在長相、氣派方面仍然層次高、很不錯，但沒有命坐酉宮的人氣派、美麗，人的膚色是黃中稍白的顏色。坐命卯宮的人，命格中所包含的顏色是較偏綠的土黃色。

坐命酉宮時，酉宮是屬金的宮位，貪狼會受剋，運氣沒那麼好了，但金是土的食傷，故紫微會發展長才。命坐酉宮的人，會才華較好，長得美麗、氣派出眾。其人的膚色會黃中帶點青色，命格中所包含的顏色是是帶白或帶點青綠的土黃色。

紫殺坐命的人

紫微、七殺坐命的人，紫微屬土，七殺屬金，是火金。巳宮是火宮，故紫殺坐命巳宮是較旺的。紫殺坐命亥宮，亥宮中有甲木、壬水，對土有相剋，水也會洩火金故較弱。故而紫殺坐命的人的臉色、膚色都是黃中帶青黑色（發藍或發黯），坐命巳宮的人容易發紅、膚色較同是紫殺坐命者淺、易曬黑。坐命亥宮的人，膚色稍白，也容發青黑色（黯黑）。

紫殺坐命巳宮的人，命格中所包含的顏色是略帶青黑色或灰白色的土色。如淺咖啡色或帶點灰的咖啡色。紫殺坐命亥宮的人，命格中所包含的顏色是較深或較暗的土色、偏綠的咖啡色。

紫破坐命的人

紫微、破軍坐命的人，紫微屬土，破軍屬水。原本是水土相剋的格局。丑宮是帶水的土宮，丑中含用是癸水、辛金、己土。未中含用是己土、丁火、乙木（乙木墓）。故紫破以在丑宮較旺（是破軍較旺）。紫破在未宮是紫微較旺，破軍受剋。**坐命丑宮人**，會臉色、膚色為黃中帶黑。倘若有文昌、文曲同在命宮，又在丑宮時則臉色、膚色會稍白，偏向青色。故命宮中只有紫破二星時，命宮所包含的顏色是較深或較黑的土黃色。有紫破、昌曲同宮坐命丑宮時，命宮所包含的顏色是發白的但帶有微青或稍暗的土黃色。

紫破坐命未宮的人，膚色會較黃、帶白色，命宮所包含的顏色是帶白或帶灰的土黃色。

※命宮中有雙星坐命，其中有紫微星時，例如紫府、紫相、紫貪、紫殺、紫破時。倘若紫微星較旺時，表示趨吉的力量較強，五行中土性也較厚。在人生享福、享受貴氣、體面、愛面子、主貴的力量也較強。其中在膚色、喜好顏色上也較趨向土黃色。

天機坐命的人

天機單星坐命的人，天機屬木，其人的外表特徵和膚色都會有屬木的現象。例如瘦瘦的、高高的、臉色和膚色帶青色。但也會因同宮或帶有其他的羊、陀、火、鈴、化忌、劫空有變化。也會因命宮天機所在的宮位，形成星曜旺弱刑剋有變化。也會有一部份因對宮相照的星曜是什麼星而有變化。是故：

天機坐命子宮的人，子宮是水宮，水木相生，其人的臉色、膚色是略帶黯青色的。命宮所包含的顏色是深綠色及藍綠色。

天機坐命午宮的人，午宮是火宮，火助木旺：其人的臉色、膚色會較白、略帶粉紅。命宮中包含著明亮、彩度高的綠色。略帶紅、黃的綠色，如檸檬黃、草綠等色。

天機單星坐命巳宮的人，巳宮是火宮，巳宮含用是丙火、戊土之祿地，因此天機在巳宮是木火旺，木土相剋，但對宮有太陰水相照。其人的臉色和膚色也是略白帶黯青的顏色。命格中包含著帶點紅色和土色的綠色。如橄欖綠等。

天機坐命亥宮的人，亥宮是屬水之宮位，亥宮含用是壬、甲，是故此命格的人，臉色和膚色是較發青及趨黯的。比命坐巳宮的人，還要青一點也黯沈一些。而且此人常有腸胃不適、身體欠佳之狀。命格中包含著帶有灰黑色彩、彩度也較暗的綠色。如灰綠色、深綠色、藍綠色等色。

天機單星坐丑宮的人，丑宮含用是己、癸、辛。丑宮是土質較弱，飽含水的土宮。天機屬甲木，是高木之喬木，故有易傾倒之象。此命格的人，多半臉色易發青，是帶青綠色的土色。故其人命宮所包含的顏色是帶暗土色的青綠色。如果有擎羊同在命宮時，因擎羊居廟、擎羊的力量及特性較強，故命宮的顏色是深青色的灰白顏色或發綠的銀灰色。如有陀羅同在命宮時，陀羅也居廟、較強，命宮所包含的顏色是發綠或發青的黑灰色。

天機坐命未宮的人，未宮含用是己、丁、乙（乙墓）。故未宮是帶火的土宮。天機在未宮是木火旺的命格。其人臉色、膚色會稍白一點。其人命宮中包含的顏色是明度高的綠色，或略帶點黃紅的綠色。如果命宮有擎羊同宮時，擎羊居廟，其命宮所包含的顏色是帶有淺綠的銀灰或銀白色。如果命宮中有陀羅同宮時，其人命宮中所包含的顏色是稍亮帶青綠的黑灰色。

機陰坐命的人

天機、太陰坐命的人，天機屬木、太陰屬水。坐命寅宮時，寅宮屬木，寅宮中有甲、丙、戊。因此木較旺。其人命宮中所包含的顏色是深綠色。坐命申宮時，申宮含用是壬、庚，故其命宮所包含的顏色是帶有灰白的深綠，以及灰墨綠色。

用顏色改變運氣

機梁坐命的人

天機、天梁坐命的人，天機屬木居平、天梁屬土居廟。坐命辰、戌宮都是土宮，故土重。不同的是辰宮是帶癸水的土宮。戌宮是火土重的土宮。故機梁坐命辰宮的人，命格中的顏色是帶青綠的深土色。而機梁坐命戌宮的人，命格中的顏色是帶深綠的深土色、發綠的咖啡色等。

機巨坐命的人

天機、巨門坐命的人，天機屬木居旺、巨門屬水居旺，坐命卯宮，天機較旺。坐命酉宮、巨門較旺。故機巨坐命卯宮的人，命宮中包含的顏色是以綠色為主的顏色，是帶灰黑的綠色、深綠色。命坐西宮的人之命宮所包含的顏色是黑色為主調的顏色，是帶綠的黑色。

太陽單星坐命的人

太陽坐命子宮的人，太陽屬丙火是紅色，子宮是屬水的宮位，也代表北方。表示離地球較遠或太陽隱晦在地平線之下，而黑暗無光了。因此其人命宮中所代表之顏色是黑紅色或是發紅之黑色。

太陽坐命午宮的人，太陽居旺，是日正當中，非常明亮。因此其人命宮中所代表之顏色是正紅色。明度及彩度都極高的紅色。

太陽坐命辰宮的人，太陽居旺，是日出東昇、光芒四射。因此其人命宮中所代表之顏色是帶有金色或黃色的紅色，明度和彩度也非常高。

太陽坐命戌宮的人，太陽居陷，太陽已西下至地平線以下的地方。故其人命宮所包含代表之顏色為暗紅色或黑紅色。

太陽坐命巳宮的人，太陽居旺，亦是日出升殿之位，光茫萬丈，其人命宮所包含之顏色是介於命坐辰宮或午宮之間，略發黃之正紅色。

太陽坐命亥宮的人，太陽居陷，是黑暗無光的位置，其人命宮所包含之顏色，就是黑色。

陽巨坐命的人

太陽、巨門坐命的人，太陽五行屬火，巨門屬水。**坐命寅宮時**，寅宮中含甲、丙、戊。因此坐命寅宮的人是火旺的，巨門較弱的，但也居廟位。其命宮中所包含的顏色是正紅色微帶點灰白或灰暗的顏色。**命坐申宮的人**，申宮是金水宮位。太陽又只在得地之位，巨門居廟。故其命宮中包含的顏色是灰白、灰暗多一點的紅色。

陽梁坐命的人

太陽、天梁坐命的人，在卯宮太陽居廟，五行屬丙火。故坐命卯宮的人，其命宮中所包含的顏色是紅土色（深橘色）或紅咖啡色。**坐命酉宮時**，太陽居平、天梁在得地之位。故其命宮中所包含的顏色是帶灰暗的略紅的土色、灰橘色、或灰暗的淺咖啡色。

日月坐命的人

太陽、太陰坐命的人，坐命丑宮時，太陽居陷、太陰居廟。故坐命丑宮的人，其命宮所包含之顏色為黑裡透紅色的顏色或藍紫色。**命坐未宮時**，太陽居得地之位，太陰居陷。命宮中所包含的顏色是紅色帶灰暗的顏色或紅紫色。

武曲坐命的人

武曲單星坐命的人，坐命辰宮時，金水相生，武曲居廟。其命宮所包含的顏色是白色、金色、銀白色、白鐵似的灰顏色。**坐命戌宮時**，戌宮為火土宮位。故其命宮中的顏是不太亮的白色、略發紅的金銀色或略帶紅光的發亮的顏色。

武貪坐命的人

武曲、貪狼坐命的人，武曲屬金，貪狼屬木，雙星居廟。**在丑**

宮，丑宮是帶水的土宮。故其命宮中的顏色是帶灰白的淺綠色（粉綠色）、金綠色（綠色帶金、或綠色發亮之銀色）亦或是白色發綠之顏色。**在未宮**是火土宮，亦為木墓。故金木皆受剋。坐命未宮時，其命宮所包含的顏色是白綠又微發紅之顏色，或白綠色中又帶點咖啡色的顏色，略有混濁的狀況。

武殺坐命的人

武曲、七殺坐命的人，武曲居平屬辛金、七殺居旺亦屬金，是火金，是帶紅色的金。**在卯宮**，屬木的宮位，金木相剋，武曲、七殺都會更弱一點，故白色或金亮的顏色也較弱不明顯成為暗灰色。**命坐酉宮時**，酉宮是屬金之宮位，是辛金。武殺二星會比在卯宮時略旺。故宮命中所包含之顏色為較亮一亮的白灰色或銀白色。

武破坐命的人

武曲、破軍坐命的人，武曲居平、破軍也居平。武曲屬金，破軍屬水。在巳宮為火土宮，武曲略旺，破軍更弱。故**在巳宮**時的武破坐命者命宮所包含的顏色為灰白色或暗銀灰色。**在亥宮**屬水之宮位。破軍較旺，武曲為金水相生。在亥宮的武破坐命者，命宮所包含的顏色為深色或深銀灰色。（是接近黑色的深灰或銀灰色）。

武相坐命的人

武曲、天相坐命的人，武曲居得地之位，天相居廟，武曲屬金，天相屬水。**在寅宮**是屬木火之宮位，武曲受剋，天相水也受剋，故其命宮所包含的顏色是稍暗的灰白色。**在申宮**，屬金水之宮位，武曲、天相皆稍旺一些，其命宮所包含的顏色是金清水白，是稍亮的灰色或灰白色。或是帶水藍的灰色。

武府坐命的人

武曲、天府坐命的人，武曲屬金居旺，天府屬土，**在子宮**居廟，因此坐命於子宮時，是帶土色的灰白色。**在午宮**是土色重一些的灰白色。

天同單星坐命的人

天同單星坐命卯宮時，天同五行屬水，是屬於較白的水，在卯宮時，天同居平。卯宮是屬木的宮位，會吸水。故坐命卯宮的人，命宮所包含的顏色是微發綠的水白色。

天同坐命酉宮時，酉宮是屬金之宮位，金水相生，故其命宮所包含之顏色是發亮的水白色。

天同坐命辰宮時，辰宮是帶水的土宮，其中含用是戊、乙、癸，天同屬水，土宮對水有剋制，故天同居平，但仍比天同在戌宮者旺。其命宮所包含的顏色，是偏黃的水色或略發黃的水白色。

天同坐命戌宮時，戌宮是火土宮，含用為戊、丁、辛，對水有剋制煎熬，天同福星居平。故天同在戌宮時，其命宮所包含的顏色是帶紅黃的水色，或帶咖啡色的水白色，顏色較混濁不清。

天同坐命巳宮的人，巳宮是丙、戊之祿位，也是庚金長生之位，火土皆旺，故天同受剋，但仍有生意，天同居廟。其命宮所包含的顏色是略發紅黃之水白色（略帶咖啡色之水白色）。

天同坐命亥宮的人，亥宮含用是壬祿、甲生，故其命宮所包含

之顏色是略發綠色之水白色。(帶湖綠的水白色)

同陰坐命的人

天同、太陰坐命的人，天同、太陰皆屬水。天同是發白的水、太陰是略發黑的水。**在子宮**，屬水之宮位，天同居旺、太陰居廟，表示水很深。故其命宮所包含的顏色是發亮會閃白光的黑色。

在午宮，午宮是火宮，天同居陷、太陰居平，皆受剋，其命宮的顏色微帶紅色、混濁的、淺色的黑色。(不夠深黑透亮)。

如果是天同化權、太陰化祿在命宮時，在子宮，其命宮中所包含的顏色是以水白色為主，其中夾雜著黑色波動的細線條，或有黑色反光的顏色。

在午宮，其命宮中所包含的顏色是灰白色，其中夾雜著深灰色

▼用顏色改變運氣

的細線或點的顏色。

如果是天同、太陰化權在命宮時，在子宮，其命宮中所包含之顏色是深黑透亮或閃光的深黑色。在午宮，其命宮中所包含的顏色是發白的黑色或深灰色。

如果是天同、太陰化忌在命宮時，在子宮，其命宮的顏色是古怪的、帶點白色的深黑色。在午宮時，是發白又不均匀的深灰色。

如果是天同、太陰化科在命宮時，在子宮，其命宮中所包含的顏色是黑裡透亮的黑色。在午宮，其命宮的顏色是混濁度稍淺的黑色。

同巨坐命的人

天同、巨門坐命的人，天同屬水，巨門也屬水。天同是白水、巨門是黑水。坐命丑宮，是帶水之土宮，丑宮含用是己、癸、辛。故**同巨坐命丑宮的人**，其命宮所包含之顏色是混濁帶泥沙、不白也不黑混濁的水色。

在未宮，未宮含用是己、丁、乙（木墓），故**坐命未宮的人**，其命宮所包含之顏色是更混濁、帶些黃、紅、咖啡色之混濁的水色。

同梁坐命的人

天同、天梁坐命的人，天同屬水、天梁屬土，在寅宮，寅宮含用是甲、丙、戊。故**同梁坐命寅宮的人**，是天同居平、天梁居廟，命宮所包含的顏色是帶白之土黃色。**在申宮**，天同居旺，天梁居陷，申宮又是金水之宮位，故天同更旺，命宮所包含之顏色是略帶土黃之水白色。

天同化權、天梁坐命申宮時，其命宮所包含的顏色是較純粹發亮的水白色。**在寅宮時**，天同居平帶化權、天梁居廟，故命宮所包含的顏色是略帶白色之土黃色。

※水白色為透明發亮之白色。

廉貞坐命的人

廉貞坐命的人，廉貞屬火，本身所屬的顏色是略暗的紅色。坐命寅宮時，寅宮含用是甲、丙、戊，故其命宮所包含的顏色是明度及彩度略高的暗紅色。坐命申宮時，申宮是金水之宮位，故命宮所包含的顏色是略淺的暗紅色。

廉府坐命的人

廉貞、天府坐命的人，廉貞屬火，天府屬土。**坐命辰宮時**，廉貞居平、天府居廟，辰宮為帶水之土宮，不利廉貞，故其命宮所包含之顏色為帶輕微紅色之土黃色。**坐命戌宮時**，戌宮為火土並旺之宮位，廉貞、天府都較旺，故其命宮中所包含之顏色為紅土黃之顏色（偏橘紅之土黃色）。

廉相坐命的人

廉貞、天相坐命的人，廉貞屬火，天相屬水，為白水。廉貞居平、天相居廟。**在子宮**，為水宮，故其命宮所包含之顏色為略發紅之水白色。

在午宮，為火宮，廉貞雖居平，稍旺，天相雖居廟，較弱。故其命宮所包含之顏色是稍偏紅的水白色。或水紅色。

廉殺坐命的人

廉貞、七殺坐命的人，廉貞居平、七殺居廟。廉貞屬火是丁火、七殺屬庚金，是銀紅色或紅金色。**在丑宮**，是帶水之土宮，廉貞火會較弱。其命宮所包含之顏色為帶紅的灰色或稍淺的紅銅色。**在未宮**，是火土宮，其命宮所包含之顏色是較深的紅灰色，或稍深的銅紅色。

廉貪坐命的人

廉貞、貪狼坐命的人，廉貞屬火，貪狼屬木，雙星皆居陷落之位。**在巳宮**，廉貞稍旺，貪狼較弱。故其命宮中所包含之顏色為帶紅色的綠色。或呈現橄欖綠之紅色。**在亥宮**，亥宮含用是壬、甲，故命宮所包含之顏色為略帶紅之深綠色，橄欖綠之顏色。

廉破坐命的人

廉貞、破軍坐命的人，廉貞屬丁火、破軍屬水，是黑水。雙星同宮在卯、酉宮時，廉貞居平，破軍居陷。**在卯宮時**，廉貞火、有木助旺，故稍強。其命宮所包含之顏色為稍淺的黑紅色、暗紅色。**在酉宮**，破軍會稍旺一些。故其命宮中所包含之顏色為略帶紅色之黑色。

天府坐命的人

天府單星坐命的人，天府屬土，是戊土，本身為深土黃色。但會因所生之宮位而顏色有深淺或略帶紅、白、綠等光澤。

天府坐命丑宮時，丑宮含用是己、癸、辛，故其命宮中所包含之顏色為略發白之土黃色。

天府坐命未宮時，未宮含用是己、丁、乙，故其命宮中所包含之顏色為較白但稍深之土黃色。

天府坐命卯宮時，卯宮是屬木之宮位，故其命宮中所包含之顏色是略發綠之土黃色。

天府坐命酉宮時，酉宮是屬辛金之宮位，故其命宮中所包含之顏色是較白發青之土黃色。

天府坐命巳宮時，巳宮含用是丙、戊、庚，故其命宮中所包含之顏色是略帶紅之土黃色。

天府坐命亥宮時，亥宮含用是壬、甲，故其命宮中所包含之顏色是稍略帶綠之土黃色。

太陰坐命的人

太陰單星坐命的人，太陰屬水，是癸水，本身為深黑色。會因所坐之宮位而顏色有變化。

太陰坐命卯宮時，卯宮為屬木之宮位，故其命宮中所句含之顏色為帶綠之黑色或深灰色。

太陰坐命酉宮時，酉宮為屬金之宮位，金水相生，故其命宮中所包含之顏色為發亮之深黑色。

太陰坐命辰宮時，辰宮為帶水之土宮，不利於太陰，故其命宮中所包含之顏色為稍淺之黑色或深灰色。

太陰坐命戌宮時，戌宮是火土宮，但代表西方，太陰居旺。故其命宮中所包含之顏色為稍亮偏紅之黑色。

太陰坐命亥宮時，居廟。亥宮含用是壬、甲，故其命宮中所包含之顏色為深黑色或透青黑亮之顏色。

太陰坐命巳宮時，巳宮是火宮，與太陰相剋嚴重，故其命宮所包含之顏色是帶紅稍淺之黑色，或略發紅之深灰色。

貪狼坐命的人

貪狼單星坐命的人，貪狼屬木，是甲木，本身為深綠色，亦會因命宮所在之宮位，而顏色有深淺變化。

貪狼坐命辰宮的人，辰宮是土宮，方位在東方，亦是屬木的土宮，故其命宮所包含之顏色為深綠色。

貪狼坐命戌宮的人，戌宮是火土宮，方位於西方，是帶金的土宮，故其命宮所包含的顏色是略發紅或略帶咖啡色的深綠色。

貪狼坐命寅宮的人，寅宮屬木，含用是甲、丙、戊，故其命宮所包含之顏色是明度、彩度略高的深綠色。

貪狼坐命申宮的人，申宮是金水之宮，貪狼略受剋，故其命宮中所包含之顏色是發白的綠色、石綠色。

貪狼坐命子宮的人，子宮是屬水的宮位，貪狼屬木，水木相生，貪狼居旺，故其命宮所包含之顏色為水綠色或嫩綠色。

貪狼坐命午宮的人，午宮是屬火的宮位，貪狼屬木，會木火旺，故其命宮所包含之顏色為微發紅的綠色，或是新芽長成時，芽頭是紅色的嫩綠、有欣欣向榮之味道的綠色。

巨門坐命的人

巨門單星坐命的人，巨門屬水，是癸水，本身屬於黑色，亦會因命宮所在之宮位有深淺之變化。

巨門坐命子宮的人，子宮屬水，子宮含用是癸水。巨門也屬水，也是癸水。故巨門較旺，其命宮所包含的顏色就是黑色。癸水為雨露，故為一種淺層或略透明的黑色。

巨門坐命午宮人，午宮為火旺之宮位，巨門屬水，易受剋，雖巨門仍居旺，但會比在子宮弱的。其命宮所包含之顏色為黑色微發紅之顏色。

巨門坐命辰宮的人，辰宮是帶水之土宮，土剋水，故巨門居陷，水土會混為泥，故其命宮所包含的顏色是混有土黃色之淺黑色。

巨門坐命戌宮的人，戌宮是火土宮，亦是乾土之宮位，水入乾土中迅速被吸收殆盡。故其命宮所包含之顏色是淺的、透明的黑色。

巨門坐命巳宮的人，巳宮含用是丙、戊、庚，巳宮亦是屬金之宮位，故巨門在巳宮，雖有丙、戊相剋，但也有庚金之相生之意。故其命宮所包含之顏色為微發紅之黑色。

巨門坐命亥宮的人，亥含用是壬、甲。巨門屬水，故命宮所包含之顏色為較深的黑色。或較深又有點發青的黑色。

天相坐命的人

天相單星坐命的人，天相五行屬水，是壬水。屬於江河或大海之水。本身在顏色上屬於白水，或顏色深藍之水色。

天相坐命丑宮時，丑宮是帶水之土宮，就像堤防一樣，天相在丑宮居廟，故其命宮所包含之顏色是水白色。

天相坐命未宮的人，未宮含用是己、丁、乙，屬於乾土之宮位。天相水在未宮多少還是被乾土吸收一些。故只有居得地之位。其命宮所包含之顏色為略帶土黃色之白色。

天相坐命卯宮的人，卯宮是屬木的宮位，天相水會被木吸取。故天相居陷，其命宮所包含之顏色為略發綠的水白色。

天相坐命酉宮的人，酉宮含用是辛金，天相是壬水，辛金難以生壬水，故天相居陷。其命宮所包含之顏色是發亮的水白色。

天相坐命巳宮的人，巳宮是屬金之宮位，亦是屬火之宮位。天相在巳宮旺度居得之位。故其命宮所包含之顏色為微發紅之水白色。

天相坐命亥宮的人，亥宮是壬水得祿最旺的地方。天相屬壬水，是大海水，在亥宮是壬水的故鄉，故其命宮的顏色是深藍近乎黑的水色，或是日光反射發亮的水白色。

天梁坐命的人

天梁單星坐命的人，天梁屬土，是戊土，本身的顏色是深土黃色，有點近似咖啡色的土黃色。亦會因命宮所在之宮位而有所變化。

天梁坐命子宮的人，天梁屬土，是厚土。子宮含用是癸水，故天梁土會蓋過癸水。其命宮中所包含之顏色是略帶黑色、灰色之土黃色。

天梁坐命午宮的人，午宮是火宮，會火土相生，其命宮所包含之顏色為發紅之土黃色，接近橘色之土色。

天梁坐命丑宮的人，丑宮是帶水之土宮，天梁居旺，其命宮中所包含之顏色為稍淡帶灰的土黃色。

天梁坐命未宮的人，未宮是火土宮，天梁居旺，其命宮所包含之顏色為稍淡帶紅的土黃色。

天梁星坐命巳宮的人，巳宮含用是丙、戊、庚，是戊土的祿位，最旺之地，但巳宮也是屬金之宮位，庚金能洩土之氣，故天梁居陷，其命宮所包含之顏色為淺土黃色、淺咖啡色。

天梁坐命亥宮的人，亥宮含用是壬、甲，會剋洩土氣，故其命宮所包含之顏色為極淺之土黃色。

七殺坐命的人

七殺單星坐命的人，七殺屬庚金，是強硬的金，也是五行屬火金，表示可鍛煉的金。屬於可做兵器之類的黃銅之類的金屬之物。故其本身的顏色是稍暗的黃銅色。會因命宮所在之宮位而有所變化。

七殺坐命子宮的人，用子宮含用為癸水。故七殺坐命子宮是金屬被鍛煉之後，用水澆息火氣，冷卻時的金屬。故為稍暗黑的黃銅色，或發白的黃銅色。

七殺坐命午宮的人，午宮是火位。故此時是正被火所鍛煉之金屬。其命宮所包含之顏色為微發紅之黃銅色。

七殺坐命寅宮的人，寅宮含用是甲、丙、戊，寅宮又是屬木之宮位，金木相剋，表示正在鍛煉金屬物。其命宮所包含之顏色是擊打後的黃銅色。是一塊花、一塊黃，不均勻的黃銅色或銀白色。

七殺坐命申宮的人，申宮含用是壬、庚，金水相生，申宮是壬水長生之位，又是庚金最旺的祿位。故其命宮所包含的顏色是發亮的黃色金屬色，或發亮的銀白色。

七殺坐命辰宮的人，辰宮是帶水之土宮，表示遭厚泥深埋之金屬，其命宮所包含之顏色是帶土色稍深黃銅色，或帶土黃色之銀白色。

七殺坐命戌宮的人，戌宮是乾土、厚土之土宮，表示遭厚土所深埋之金屬。其命宮的顏色是深土金色，或帶灰暗之銀白色。

破軍坐命的人

破軍坐命的人，破軍屬水，是癸水，本身的顏色是較黑的水色，也會是透明中帶灰黑的水色。會因命宮所在的宮位而有變化。

破軍坐命子宮的人，子宮含用是癸水，破軍也屬癸水，故是歸於故鄉。其命宮所包含的顏色是深黑色或透明的黑色。

破軍坐命午宮的人，午宮是火宮，破軍屬癸水，故受剋，易熬乾，其命宮所包含之顏色為略帶紅色之黑色及略帶紅光之透明黑色。

破軍坐命寅宮的人，寅宮是屬木的宮位，會吸水，故為相剋，其命宮所包含之顏色為微發綠之黑色，淺的透明的黑色。

破軍坐命申宮的人，申宮是壬水、庚金生旺之處，破軍水在申宮得旺氣，故其命宮中所包含之顏色為較深的黑色或發亮的黑色。

破軍坐命辰宮的人，辰宮是帶水之土宮，剋水的程度稍好一點，但仍是土剋水的狀態。其命宮中所包含的顏色是略發黃、較淺的黑色。

破軍坐命戌宮的人，戌宮是火土宮，也是厚土之宮位，剋水嚴重。故其命宮所包含之顏色是較淺的，帶有土黃色彩的黑色。（不是純黑）

命宮中有權、祿、科、忌時所代表的顏色

當命宮中有化權、化祿、化科、化忌時，雖然權、祿、科、忌各有其五行屬相，但在此處只用做星曜旺度增分、減分之解釋。並

不用其五行來混合解釋。就像有**紫微化權**時，化權更增紫微星曜的旺度，有主控、掌權的力量。而不以化權五行屬木，來和紫微一同解釋之顏色。倘若硬要相混解釋，就會失去原有紫微化權的意思了。

另外，化權、化祿、化科、化忌，本身雖各有意義，但在論命解的過程中，有時都是簡單的、更精細的分類星的旺度而已。例如紫微在午宮居廟，而午宮的紫微化權，是『午宮的紫微』再向上高三級的旺度，是極至的旺度，而且具有掌控一切、主導一切的力量。而**『午宮的紫微化科』**是『午宮的紫微』再向上高一級的旺度，而且具有在文質氣質和文質能力方面的力量，會把一切變得美好，有氣質、做事方向正確、很有方法做好事情。

例如**太陰在酉宮居旺化權**，是『太陰在酉宮居旺』再向上三級的旺度。並且具有在對女性方面的主控力，和對房地產上面的特別喜好和主控力，以及在公職或薪水階級方面有高職位、高薪金的工作能力，以及在存錢、儲蓄方面的堅持能力，能主富。

太陰在酉宮居旺化祿時，是『太陰在酉宮居旺』再向上二級的旺度。在旺度上層級比『太陰化權』略低一層。它所主導包含的意思也不一樣，化權有強制、霸道、威嚴、主導、主控、強佔的意味。而化祿較溫和、油滑、善應變、善用人緣關係、桃花來引導、吸引別人、像引水流入江海、是水到渠成的方式，較不會有爭執、不悅發生，而是令別人欣然接受而來歸向的方式。故『太陰在酉宮帶化祿』時的意思，就是和女性的關係特別圓融，最能吸引女性來親密和諧的相知相助。女性會對其人有利。其他，在房地產方面會愈來愈多，或在房地產方面賺到錢。其人在公職或薪水階級方面能得到豐裕的薪資。並且很會存錢、儲蓄，在工作方面也易在銀行、金融機構上班或做買賣房地產的行業。

太陰在酉宮帶化科時，是『太陰在酉宮居旺』再向上一級的旺度。在旺度層次上比『太陰化祿』又低一層級。它所主導包含的意思，也和化祿、化權不一樣了。

太陰居旺化科的意思是溫和、柔美、有氣質。特別有女性柔美、嫵媚的氣質、溫順。是粗俗、粗曠、氣質等相反極至的名詞，特別有文質、文化的能力，做事方法極聰明，有解決問題的能力。同時也善於理財、整理家務、工作上的事務份外清楚，有規律，亦會有潔癖、凡事一板一眼、按步就班。化科並不主財，主財的是太陰財星，但是一點一滴儲存起來的財，是陰藏的財。故會在銀行按月存錢，以及在房地產方面慢慢存、慢慢增多。

是故太陰化科是弱的，不及化權、化祿的強勢。

『**太陰在酉宮居旺化忌**』時，是『太陰在酉宮居旺』向下一級的旺度。在旺度層上比『太陰在酉宮居旺無帶任何權、祿、科』的層級都要低。自然是比在酉宮的太陰化科低二級。比太陰化祿低三級。比太陰化權低四級。在意義上也和上述趨吉的意思不同而相反。

『**太陰在酉宮居旺化忌**』的意思是會在和女性相處上有糾紛，會在錢財上有是非。會在房地產上有糾紛、或留不住，以及在存錢上存不住錢，以及在公職、薪水階級的事業上有起伏、有不順。是因為太陰居旺的，是故化忌只是產生是非麻煩而已，而你仍會在擁有這些關係、事物、錢財、薪水族的工作，或偶有銀行存款或房地產。只是不保險一直擁有而已。

倘若是太陰居陷化權、太陰居陷化祿、太陰居陷化科、太陰居陷化忌旺度層級就一層層的更低了，其狀況是這樣的。

*星曜帶科、權、祿、忌旺弱層次顯示圖

太陰居廟化權←太陰居廟化祿←太陰居廟化科←太陰居廟→太陰居廟化忌

太陰居旺化權←太陰居旺化祿←太陰居旺化科←太陰居旺→太陰居旺化忌

（　）得地化權←（　）得地化祿←（　）得地化科←得地之位→（　）居得地化忌

（普通別的星有得地之位，而太陰沒有）

太陰居平化權←太陰居平化祿←太陰居平化科←太陰居平→太陰居平化忌

太陰居陷化權←太陰居陷化祿←太陰居陷化科←太陰居陷→太陰居陷化忌

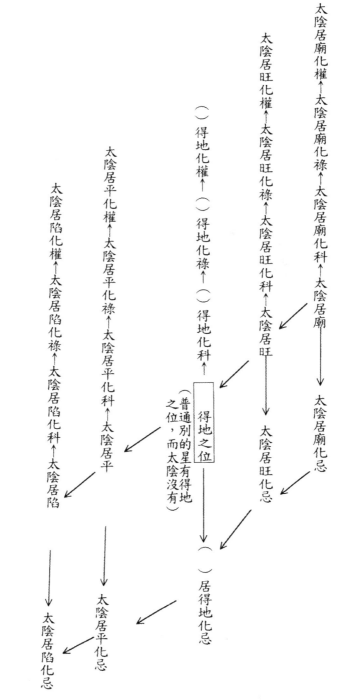

是故，在顏色的分類、深淺、明暗上也是依照這種旺度高低層次的方式來分類、評定的。

當命宮有化權星時

當命宮中有化權星時，表示會加強其跟隨之主星的色彩。但其強度會隨主星之旺弱，以及主星所坐的宮位，有深淺之分。

例如命中有太陽化權（辛年生的人），**在巳宮或午宮時**，太陽皆在旺位，化權就很強了。因此命宮所代表的顏色是明度、彩度都很高的正紅色、亮紅色。

太陽化權在子宮或亥宮時，是陷落的，化權的力量也不強，故其命宮所代表的顏色是略發黑、灰或呈灰白狀的暗紅色。

例如命宮有天同化權的人，當天同居廟、居旺時，化權就十分有力而強勢、天同為白色的水，有天同化權時，即為非常白而發亮的水白色。天同居平化權時，在卯宮，即為微發綠、有灰白狀況的水白色。天同居平化權在酉宮，為發亮的、有小閃光的水白色，但不會有天同居廟、居旺時，那麼白。

例如命宮有太陰化權在亥宮時，是深黑色或透青亮之黑色，是類似黑絲絨一般的黑色，是平滑的黑色。

而破軍化權在子宮，也是深黑色，但會是類似麻布的黑色，也是不太平滑、有些粗糙、小空洞的黑色。**巨門化權在子宮**時也是較深而透明的黑色，但會透亮光出來。

例如紫微化權是深土黃色。天梁化權也是深土黃色的。而紫微化權在午宮時接近鉻黃色（俗稱鵝黃色）。而天梁化權在午宮時是接近深土色及咖啡色的土黃色。

例如天機和貪狼屬木，天機化權在子宮是深綠色。貪狼化權在子宮也是深綠色。但天機化權是具有生命原始意味的生機之意。故深綠色較深。而貪狼化權的深綠色是活動的、流動性強的綠色，雖也同為深綠色，但會比天機化權略淡、略顯青綠。

例如武曲化權居廟時，是極亮的白色和極亮的銀白色，有閃光的銀白色。以在辰宮最亮：『武曲居平化權、七殺』在命宮時，是略發紅、又閃白光的銀白色。而在酉宮，是特別清亮的白色和銀白色。

當命宮有化祿星時

當命宮中有化祿星時，表示會增加其跟隨主星的顏色的柔和度，不會太黑、太白或是太亮而刺眼，會是討人喜歡、容易讓人親近、依戀的顏色。但仍以主星居廟、居旺，所跟隨化祿的柔美度較強。主星陷落或居平時，化祿所展現的力量較弱或沒感覺。

例如：**天同居廟化祿在亥宮時**，化祿會使天同的水白色，不像『天同化權在亥宮』時麼特別的白，那麼刺眼，而是柔和的白，是討人喜歡的白，類似米白色的水白色。

例如太陰化祿在亥宮時，也會比『太陰化權在亥宮』時黑得美麗的多。是一種討人喜歡、易於接近。具有神秘感，讓人有探索意味的黑色。

破軍化祿也一樣。**破軍化祿在子宮居廟時**，也比破軍化權在子宮那麼強勢的感覺而趨向圓滑得多。雖也是類似麻布，有小空洞的黑色，但會稍為細緻一點，感覺黑色不會太粗糙，但仍比不上太陰化祿、太陰化權的黑色細緻。

巨門化祿是更顯得淺、透明的黑色。比巨門化權在命宮所代表的黑色會更圓潤平和、討人喜愛。沒有巨門化權強勢、帶有怪異，使人疑惑的味道了。

例如天機化祿會比天機化權所代表的顏色稍淺一點，但仍為深綠色，會是有光澤的，討人喜歡的深綠色。而貪狼化祿所代表的顏色，也會比貪狼化權的顏色略淺，會是流動的、略為發亮的、有光澤的青綠色。

例如太陽化祿在午宮時的紅色是有光澤、帶點橘紅，會讓眼睛舒適度很高，看起來令人愉悅的紅色。而太陽化祿在子宮的暗紅色，也是令人看了舒服、討人喜歡的、帶點橘色的暗紅色，並且略帶有暗黑或灰階的色調，是很能與其他顏色搭配的顏色。

例如天梁化祿在午宮時，是略帶微紅色的土黃色，會是令人看了舒服、討喜的顏色。在子宮的天梁化祿，也是令人視覺舒服、略暗的土黃色，**在丑宮、未宮的天梁化祿**，是正土黃色，是看起來具有財氣的土黃色。**在巳宮的天梁化祿**，是微紅、略帶白色的土黃色（因為是天梁居陷化祿的關係）。在亥宮的天梁化祿是略微青白的土黃色。

例如破軍化祿在子宮是明亮烏黑、討喜的黑色，**在午宮時**，是明亮度稍弱的黑色。**在申宮的破軍化祿**，會是略帶藍色的黑色，也是令人喜歡的顏色。**在寅宮的破軍化祿**，是略帶綠色的黑色，也會令人感覺舒適、喜歡。**在辰、戌宮的破軍化祿**，則是略帶土色的黑色，或仍是深黑色或發黃色的反光之類的黑色。

例如廉貞化祿在寅宮，是漂亮、討喜，有炫耀意味的大紅色。**廉貞化祿在申宮**，是略帶白色或次紅的顏色，也是令人喜接近、類似桃紅的顏色。

廉貞化祿、天相在午宮，是漂亮、乾淨的水紅色，或是漂亮的偏紅的水白色。**在子宮**是微微發紅的水白色。

廉貞化祿、貪狼坐命巳宮的人，命宮中所包含之顏色是令人還不算討厭之帶紅色的綠色，或是偏咖啡色之綠色。這會比原本『廉貪坐命巳宮』命宮所含之顏色稍偏紅一點。**在亥宮**，廉貞化祿的顏色會更淡一些，故綠色成份會更深一些。仍是深綠色、橄欖綠之顏色。

當命宮中有化科星時

當命宮中有化科時，表示會增加其跟隨主星之顏色的文質氣息。淺色的顏色，或明度高的顏色會帶白色或灰色，而深色的顏色以及暗色的顏色會帶黑色或深灰，使其更不刺眼，容易得人尊重，也容易讓人接受、親近，表現出文質風彩。仍以主星居廟、居旺時，所跟隨之化科星，文質、斯文的氣息較強、較旺。主星陷落或居平時，化科所展現的力量較弱或完全失去感覺了。

例如武曲化科在辰宮，是柔和的白色或略帶微灰色的白色，或是銀白色但並不太亮的顏色。**在戌宮**，是略帶微灰紅的白色，或是略帶微灰紅的銀白色。

紫微化科在午宮是帶有灰色調微發紅的土黃色。在子宮是帶有灰色調發白之土黃色。

天機化科居廟時，是帶有灰色或白色的綠色。天機居陷時，是帶灰的綠色或偏向灰黃的綠色，這已經是十分混雜的顏色了。

天同化科居廟時，也是帶有白灰色的白色和水色。天同化科居陷、巨門同宮時，是帶有灰白的灰暗色。

文昌化科是灰銀色，居旺時灰銀的明度高，稍白一點。居陷時，明度低較暗一些。

文曲化科是灰黑色。居旺時灰黑有發亮、醒目、討喜的感覺，居陷時，灰黑的暗沈度會增加，不討喜或讓人沒感覺到它的存在。

左輔化科是帶灰的土色，是會讓人喜歡、樂於親近的灰土色。

右弼化科的顏色是灰黑色，也是令人喜歡、樂於親近、毫無防範之心又帶有神秘味道的灰黑色。

太陰化科居旺時，是明亮、略帶灰色的黑色，是柔美、溫和、令人舒服、有神秘氣質、令人欣賞的灰黑色。居陷時，是略帶白灰色、不太純，但仍不令人討厭的灰黑色。

當命宮中有化忌星時

當命宮中有化忌星時，表示會減少、減低其跟隨之主星在顏色上的討好人、視覺親和度。是一種會令人討厭的、怪異的顏色。也會使人命宮中之顏色帶有雜色、不純正、或發暗、發黑、有些髒兮兮。或有突發現象、明度彩度太高、刺眼、亦或是冷峻而不受歡迎的顏色。以主星居廟、居旺帶化忌時，化忌也居旺，令人厭惡的程度稍輕。主星陷落、居平時，其顏色是十分怪異而不能讓人接受的。

例如武曲化忌、陀羅在戌宮的命宮，所包含是顏色是偏紅、帶黑色、較暗的銀灰色、顏色很雜。

例如天機化忌在未宮，是略發紅又發暗的淺綠色，灰灰綠綠的，又有點發紅，顏色很雜、不清爽。

例如太陰化忌居旺時，是黑的有些怪異、突兀的顏色。太陰化忌居陷時，是暗沈、雜色的灰黑色，令人很不舒服。

例如貪狼化忌居旺時，是刺眼的、怪異的亮的綠色。貪狼化忌居陷時，是淺色的、又帶灰暗、不純正、不清爽、髒髒的綠灰色。

例如廉貞化忌居廟時，是刺眼的、怪異的、令人觸目驚心的紅色，或暗紅色。**廉貞居平或居陷帶化忌時**，是發灰白或灰暗的淺紅色。也混淆同宮其他主星所代表之顏色，是之看起來有排斥感或髒兮兮的、雜色太多而混雜的感覺，不討人喜歡。

空宮坐命者，命宮所代表之顏色

凡是空宮坐命者，如祿存、擎羊、陀羅、火星、鈴星、地劫、天空、文昌、左輔、右弼、天魁、天鉞以及命宮無主星者，皆是要以遷移宮中之星曜，再加上本命中之星曜一同參詳而出的顏色，為命宮中所包含之顏色。命宮真正無主星者，會由對宮相照的星來主導，反而其顏色會清亮一點。若是有祿存、羊、陀、火、鈴、劫、空、昌、曲、左、右、魁、鉞坐命，再加上對宮相照的星曜來影響，其人命宮中的顏色，其實就是一種混合色，不夠清純明亮了。

祿存坐命的人

祿存坐命的人，祿存五行屬土，是己土，其本身的顏色是淺土色、或淺咖啡色。但是祿存坐命的人，已屬空宮坐命者的範圍，故亦要參考對宮相照的星來看其人的命格。也就是要參考遷移宮中的星來看其人的命格。故要在看其人命宮所包含之顏色時，亦要參考其遷移宮中的星曜所代表之顏色，來共同斟酌出的顏色為準。是故祿存坐命的人，其命宮所包含的顏色，其實是一種混合色。

倘若命宮對宮有同梁相照的人，其命宮所包含的顏色是發白的土色。倘若命宮對宮有機巨相照的人，其命宮所包含的顏色是略發黃的深綠，或帶黑綠的土色。

倘若命宮對宮是廉貪相照的人，其命宮所包含的顏色是帶有橄欖綠的土色。

倘若命宮對宮是紫貪相照的人，命坐酉宮的人，命宮所包含的顏色是略帶綠色、較白的土色。**命坐卯宮的人**，是微發綠的土黃色。

倘若命宮對宮是同陰相照的人，命坐午宮，其命宮所包含的顏色是土黃色，但帶有灰白色的色彩。命坐子宮，是較淺的土黃色，比較灰暗一些。

倘若命宮對宮是機巨相照的人，命坐卯宮，其命宮所包含的顏色是淺土色但會帶黑綠的顏色，命坐酉宮，其顏色是淺土色帶有比前者較深的黑綠色的顏色。

倘若命宮對宮是陽巨相照的人，命坐寅宮，其命宮所包含的顏色是發暗紅的淺土色。命坐申宮，是暗灰紅稍深的淺土黃色。有些類似咖啡色了。

擎羊坐命的人

擎羊坐命的人，擎羊五行屬庚金，其性質是堅硬、尖銳、厚重、大塊的金屬，可做兵器或厚重物品如鼎、鬲之類的用具。故其色為黃銅色，屬於黃色的金屬色。

用顏色改變運氣

擎羊坐命者是屬於空宮坐命的人，故亦要參考對宮相照的星來看其人的命格。在看其人命宮所包含之顏色時，第一、首重其坐落的宮位。第二、要看遷移宮中星曜所代表之顏色所影響之深淺，來共同斟酌出的顏色為準。因此擎羊坐命的人，其命宮所包含之顏色，基本上是黃銅色，或發亮帶土黃光之顏色。但會有稍偏綠、偏紅、偏黑、偏白等的現象。

倘若擎羊坐命酉宮，對宮是紫貪相照的人，其命宮中的顏色是略偏白帶綠的黃銅色。

倘若擎羊坐命卯宮，對宮是紫貪相照的人，其命宮中的顏色是偏暗綠的土金色，較暗、不明亮。

倘若擎羊坐命子宮，對宮是同陰相照的人，其命宮中的顏色是灰白帶黑的黃銅色。不甚明亮、黃色也較淡。

倘若擎羊坐命午宮，對宮是同陰相照的人，其命宮中的顏色是略帶紅灰的黃銅色。

倘若擎羊坐命丑宮，對宮是武貪相照的人，其命宮中的顏色是較白一點的黃銅色中混有白綠的顏色。

倘若擎羊坐命未宮，對宮是武貪相照的人，其命宮中的顏色是黃銅色中混有綠白的顏色。

倘若擎羊坐命丑宮，對宮是日月相照的人，其命宮中的顏色是較白一點的黃銅色中略發紅的顏色，或閃亮的金色中略發紅的顏色。

倘若擎羊坐命未宮，對宮是日月相照的人，其命宮中的顏色是較灰暗的黃銅色調。

倘若擎羊坐命丑宮，對宮是同巨相照的人，其命宮中的顏色是黃銅色中帶有略淺的灰白和黑的雜色。

倘若擎羊坐命未宮，對宮是同巨相照的人，其命宮中的顏色是較淺的黃銅色中帶有稍深的灰白和黑的雜色。

倘若擎羊坐命辰宮，對宮是機梁相照的人，其命宮中的顏色是稍亮的黃銅色中，偏有微綠的土黃色。

倘若擎羊坐命戌宮，對宮是機梁相照的人，其命宮中的顏色是微發紅的土黃銅色，又雜些淺綠的顏色。

陀羅坐命的人

陀羅坐命的人，陀羅五行屬辛金。其性質是較軟的金，白色的金，或小塊的金。是類似錫、鐵、鋁之類的金屬。故其色為灰白金色、灰白的錫色、或是不銹鋼會發亮之顏色。

陀羅坐命者，亦要看所坐落之宮位，與對宮相照的星曜，來訂命宮中所包含之顏色

倘若陀羅坐命丑宮，對宮有武貪相照的人，其命宮中的顏色是較亮的白金色，或灰白的金屬色中帶白綠的雜色。

倘若陀羅坐命未宮，對宮有武貪相照的人，其命宮中的顏色是稍暗的灰白色，金屬色中帶有稍多的白綠之混雜色。

倘若陀羅坐命丑宮，對宮有日月相照的人，其命宮中的顏色是灰白的如錫等的金屬色中，帶有暗紅的雜色。

倘若陀羅坐命未宮，對宮有日月相照的人，其命宮中的顏色是灰白帶土色的白色金屬色中，帶有暗黑的雜色。

倘若陀羅坐命丑宮，對宮有同巨相照的人，其命宮中的顏色是灰白帶土色的白色金屬色中，帶有白白、黑黑的雜色。

用顏色改變運氣

倘若陀羅坐命未宮，對宮有同巨相照的人，其命宮中的顏色是灰白帶土色多一點的白色金屬色中，帶有略少的白白、黑黑的雜色。

倘若陀羅坐命辰宮，對宮有機梁相照的人，其命宮中的顏色是灰白帶土色的白色金屬色中，偏向微綠的深黃色的雜色。

倘若陀羅坐命戌宮，對宮有機梁相照的人，其命宮中的顏色是灰白偏紅的白色金屬色中，雜有微綠的土黃色雜色。

倘若陀羅坐命寅宮，對宮有機陰相照的人，其命宮中的顏色是灰白較亮的白金屬色中雜有較深的綠色和黑色之雜色。

倘若陀羅坐命申宮，對宮有機陰相照的人，其命宮中的顏色是灰白較亮的白金屬色中雜有較深的綠色和黑色之雜色。

倘若陀羅坐命寅宮，對宮有同梁相照的人，其命宮中的顏色是灰白帶綠的白金屬色中，雜有白色和土黃色的雜色。

倘若陀羅坐命申宮，對宮有同梁相照的人，其命宮中的顏色是發亮的、灰白金屬色中，有較淺的黃土色和白色。

倘若陀羅坐命寅宮，對宮有陽巨相照的人，其命宮中的顏色是較白的白金色中，雜有紅色和黑色的雜色。

倘若陀羅坐命巳宮，對宮有廉貪相照的人，其命宮中的顏色是略發紅的白金色中，又帶有淺紅和綠色的雜色。

倘若陀羅坐命亥宮，對宮有廉貪相照的人，其命宮中的顏色是發暗灰白的灰色中，帶有微紅和微綠的雜色。

火星坐命的人

火星坐命的人，火星五行屬丙火，故是如太陽的火紅色，其中也帶有金黃的火紅色。

火星坐命的人，要看命宮坐落的空位，而定火星的旺弱。更要看對宮所相照的星曜來定命宮中所包含之顏色。故也會是一種包含雜色或混合色。

稍舉例之：

例如：

火星坐命未宮，對宮有武貪相照的人，因火星在未宮居平，故火紅的顏色較淺淡，或是一種較薄的火紅色，其對宮武貪所形成的白綠的雜色就會較強，故其人命宮中的顏色是以較淡或薄的火紅色為主，但雜有白色和綠色的雜色。

例如：

火星坐命午宮，對宮有同陰相照的人，因火星在午宮居廟，故為正火紅色，是一種濃烈的火紅色，但對宮又有居旺的天同及居廟的太陰相照，故會夾雜著白和黑的雜色。

其他的火星坐命者之命宮所包含之顏色，請讀者自己斟酌之。

鈴星坐命的人

鈴星坐命的人，鈴星五行屬丁火，是一種微弱之火，如爐火、燭光之類的火，故是較小塊或較淺淡的紅色。

鈴星坐命的人，也要看命宮所坐落的宮位，來定鈴星的旺弱，更要看對宮所相照的星曜來定命宮中所包含之顏色。故也會是一種包含著雜色或混合色的色彩顏色。

例如：

鈴星坐命未宮，對宮有同巨相照的人，因鈴星在未宮居平，故較淺的、較薄的紅色，亦可稱其粉紅色。對宮有居陷的天同、巨門相照，故夾雜著微白、微黑的雜色。

鈴星坐命寅宮，對宮有陽巨相照的人，因鈴星在寅宮居廟，故是較紅的粉紅色。對宮有太陽居平，巨門居廟相照，故夾雜著淺紅與黑色，因此其命宮所包容的顏色就是以較深紅的粉紅色為主。但會夾雜著淺紅與黑色的雜色或混合色。

其他的鈴星坐命者命宮所包含之顏色，請讀者自己斟酌之。

地劫、天空坐命的人

地劫，五行屬丙火，其色是火紅色，但是一種透明的火紅色。

天空，五行屬丙火，其色是火紅色，也是一種透明的火紅色。

地劫單星坐命的人和天空單星坐命的人，亦或是地劫、天空雙星同宮坐命的人，皆是要以對宮相照的星曜之旺弱來同時觀看其命宮所包含之顏色，才會準。

例如：

地劫坐命酉宮，對宮有紫貪相照的人，其命宮中旳地劫屬火，在酉宮居得地之位，故是中等的火紅色。對宮的紫貪在卯宮是木的宮位，貪狼會居平稍旺，紫微屬土被木剋稍弱，故此命格其命宮所包含的顏色是以透明的紅色為主，但會偏綠黃的顏色。

例如：

天空坐命酉宮，對宮有陽梁相照的人，此是『萬里無雲格』。其命宮中所包含之顏色，就有如旭日東升的清晨的顏色，是一種透明的紅色，又帶有黃、紅、燦爛的顏色。

地劫、天空同坐命巳宮，對宮有廉貪相照的人，因巳宮是火宮，地劫、天空又同屬火，故是透明的火紅色，對宮相照的廉貞、貪狼皆陷落。故此人命宮中的顏色是透明的火紅色，偶而夾雜著絲些微的淺綠色。

劫空同坐命亥宮，對宮有廉貪相照的人，因亥宮是屬水之宮位，故劫空不旺，只是淡紅的透明色。對宮的廉貪在火宮稍旺，故此人的命宮中所包含的顏色是淡紅的透明色中有紅紅、綠綠的雜色。

文昌坐命的人

文昌坐命的人，文昌五行屬辛金，故其色是白色的金屬色，或發白光亮的金屬色。

文昌坐命的人，是屬於空宮坐命的人，要看其坐落的位置以觀其旺弱。也更要看其對宮所相照的星曜來定其命宮所包含的顏色。故其顏色也會偏白、偏黑、偏綠、偏紅，更會帶有其他的雜色相混的情形。

例如：

文昌坐命申宮，對宮有同梁相照的人。文昌在申宮得地之位，也算旺位。故是較白較發亮的白金色。因對宮有天同居陷、天梁居廟，天同是白色較弱，天梁是土黃色較強，故此命格人命宮所包含之顏色是較白、較亮之白金色中帶有微黃、或夾雜著微黃的顏色。

文昌坐命酉宮，對宮有機巨相照的人，此命格命宮所包含之顏色，因文昌在酉宮居廟，故是非常白及亮的白金色，但會夾雜一絲黑色和淡綠色。

用顏色改變運氣

文曲坐命的人

文曲坐命的人，文曲五行屬癸水，故其色是黑色，或深沈的暗藍色。文曲坐命，是屬於空宮坐命，亦要看其所坐宮位的旺弱，也要看其對宮相照之星曜影響，來定其命宮所包含的顏色。

例如：

文曲坐命酉宮，對宮有機巨相照的人，其命宮所包含顏色是深黑色，但有些微淡綠色夾雜的顏色。其中巨門所代表的黑色和文曲所代表的黑色重合而更黑。

昌曲坐命的人

文昌、文曲坐命丑宮的人，是命宮中昌曲皆居廟位的，故白金色和黑色皆很搶眼，其命宮中所包含的顏色是會發亮的深灰色。對宮相照的顏色仍會對其影響。**例如是同巨相照命宮的人**，其人命宮中的顏色，仍然是深灰色的顏色。因為同局代表的顏色是白色和黑色，雙星在未宮又極弱之故。

例如是日月相照命宮的人，其命宮所包含的顏色是深灰色，偶有偏紅色閃光出現的情形。

例如是武貪相照命宮的人，其命宮所包含的顏色是深灰色，偶有綠色、白色的閃光出現的情形。

若是昌曲坐命未宮的人，是文昌居平、文曲居旺，故是黑灰色。若有同巨相照，則命宮所包含之顏色會是近似黑，偶發些微白光的顏色。

若有日月相照，則命宮所包含之顏色會完全是黑色。

若有武貪相照，則命宮所包含之顏色是近似黑灰、又帶有些微綠色雜色的顏色。

左輔坐命的人

左輔五行屬戊土，其彩色是深黃色的、厚重之土。

是故左輔坐命者命宮中的基本顏色是深土黃色。但也會因命宮左輔所坐落之宮位而有深淺不同。屬土的星就要坐落於辰、戌、丑、未等土宮較旺。坐落於水木之宮位，遭剋洩較深，旺度較弱，自然其顏色也會較淺。若其對宮相照的星曜居於廟旺之位，其勢較強，則其顏色就會偏向對宮所主的顏色色調去了。

例如：

左輔坐命酉宮，對宮有機巨相照的人，其命宮中的顏色，原來是淺土黃，但偏向墨綠色成為橄欖色，或是淺土黃色中夾雜著墨綠色之顏色。

右弼坐命的人

右弼五行屬癸水，故右弼坐命者命宮中基本的顏色是黑色。也會因坐落的宮位和對宮相照的星曜影響而有混色和雜色的情形。

例如右弼坐命申宮，有機陰相照的人，其命宮所包含的顏色是深黑略發綠的顏色。

左輔、右弼坐命的人

左輔、右弼同坐命宮的人，只會在丑宮和未宮出現。其命宮中所包含之基本顏色，**在丑宮**是帶水之土宮，右弼強一點，是黑一點的土黃色。**在未宮**，是火土宮，左輔強一點，是偏黃一點的土黃色。但也會因對宮相照的星曜，顏色會略微改變或夾雜著其他的顏色。

例如：

左右坐命未宮，對宮是武貪相照時，其命宮所包含之顏是較黃的土黃色中夾雜著白綠的顏色。

左右坐命丑宮，對宮是武貪相照時，其命宮所包含之顏色是暗土黃色，但夾雜著淺的白綠色。

左右坐命丑宮，對宮是同巨時，其命宮所包含的顏色是暗黃和灰黑夾雜的顏色。

左右坐命未宮，對宮是同巨時，其命宮所包含的顏色是較黃的土黃色，但有灰黑相雜的顏色。

左右坐命丑宮，對宮是日月時，其命宮所包含的顏色是暗土黃色中灰雜著紅色及少量黑色。

左右坐命未宮，對宮是日月時，其命宮所包含的顏色是偏黃的土黃色中灰雜著黑色。

其他星曜坐命，如天魁坐命、天鉞坐命、天姚坐命、紅鸞坐命……等，皆因星曜的力量弱，所包含之顏色較淡、不敵對宮相照的顏色，會偏向對宮星曜所代表的顏色之中，故只將其顏色略述於後，而不再舉例解釋。

天魁：五行屬丙火，其顏色是火紅色、鮮紅色。

天鉞：五行屬丁火，其顏色是粉紅色。

天姚：五行屬陰水、癸水，其代表顏色是黑色。

紅鸞：五行屬陰水、癸水，其代表顏色是黑色。現今也有人將其色做紅色。

天刑：五行屬丙火，其代表顏色是炎烈的紅色。

用顏色改變運氣

第四章　喜用神所代表的顏色意義

什麼是喜用神

喜用神就是從我們的出生時間、生辰八字中，找到能中和我們命理格局中之五行生剋的、最重要的一位元素。同時它也是讓我們的生命磁場能得到最好的發揮、順利運行。能增旺我們的運氣、和滋養我們生命體，使我們在人生的路途上能上達高峰的關鑑性幸運指標。

喜用神是醫治命理格局之藥

在命理格局中，它會補足每個人命理格局上的缺憾。例如命格中缺金的，喜用神就是金。命格中缺火的，喜用神多半要火。

又例如有些人的命格中缺財的，會人緣不太好、人生起伏大、工作不太順利、喜用神很可能是財星。男子以『財星』為妻。男子命格中無財星者，則結不成婚。倘若命局中沖剋再多，則孤寡一生。女子以『官』為夫星。在女子的命格中，無官星者，也結不成婚。因此要看情況而定而來選取用神。也要看日主和所生的月份所形成人生存的環境來取喜用神。

喜用神是人生幸運指標的磁場和方向

談到喜用神是人的最佳磁場，是非常具有科學根據的。大家都知道地球中心通過北極、地心、到南極，有一根地軸，大約二十三度半的角度傾斜著，而我們每個人的磁場都和這根地軸有關。

當你的喜用神磁場方位計算出來以後，**例如是屬火的**，磁場方向是南方。所代表的顏色是紅色。那在你的生活中，睡覺時頭要朝南，你的身體是和地軸是平行狀態的方向。這樣你在睡覺休息時才會睡的安穩、舒適，得到完全的休息。早上起床時，會神清氣爽。一天會感覺順利。在你工作和求財的方位也是向南方去求財，會順利和豐收。不但你居住的房子必須要朝向南，在你所處的環境中最好也是四周和紅色有關的佈置裝潢的環境，才會助旺於你。因此在

用顏色改變運氣

買車或其他用品時，對你最吉利的顏色就是紅色。你將一生都和紅色有了不解之緣份。在取名字和風水、助運方面都要用的是帶火及紅色或屬於南方等條件的幸運指標。即便人死了，在墓葬時，也要向朝南的方位來下葬。方向要正確，才能給後代子孫帶來福蔭。

倘若喜用神是屬金的，磁場方向是西方。所代表的顏色是白色。因此人睡覺時，頭要朝西，其人的身體是和地軸呈垂直狀態的方向。在工作和求財時的方位，要朝西方去求財會順利和豐收。住屋的座向是坐東朝西。家中佈置和所處的環境應是以白色為主較佳。買車和日常用品、穿衣、用具都是以白色為吉利。你將一生和白色有緣，紅色會對你相剋。在取名字、風水、以及助運方面要以五行納音帶金的字來取名，風水以金水運的佈置為佳。助運完全是以金水、白色系列為第一要件。

喜用神，每個人都不同，完全是由你出生時的八字來計算的。

有關於喜用神的取用，請看法雲居所著《如何選取喜用神上、中、下三冊》。

因為喜用神的取用，內容繁複，故此處不再贅言，只論喜用神所代表的顏色意義及用法。

（你也可在論命時，請命理師直接告訴你屬於你的喜用神）

喜用神所代表之顏色及磁場方位

喜用神為甲木時，顏色為綠色、深綠色，磁場方位是東方。

喜用神為乙木時，顏色為淺綠或嫩綠色。磁場方位是東方。

喜用神為丙火時，顏色為正紅色或鮮紅色。磁場方位是南方。

喜用神為丁火時，顏色是淺紅色或淡紅色。磁場方位是南方。

喜用神為戊土時，顏色是深土黃色或略似咖啡色的土黃色。磁場方位是中部、中間地帶。

喜用神為己土時，顏色是淺土黃色或咖啡色。磁場方位是中部或中間地帶。

喜用神為庚金時，顏色是白色、黃金屬色，亦或是發亮之白色金屬色。磁場方位是西方。

喜用神為辛金時，顏色是白金屬色或灰白色。磁場方位是西方。

喜用神為壬水時，顏色是深藍或水藍色，亦或是黑色。磁場方位是北方。

喜用神為癸水時，顏色是深藍或水藍，亦或是黑色，但會較透明。磁場方位是北方。

請注意：喜用神所代表之顏色和人命宮中所包含之顏色，在本質上不一樣。人命宮中所包含之顏色，是人本命中所含有之顏色。而喜用神所代表之顏色，是命格經過修改，最能趨於順利、吉祥之吉祥色。二者有所不同，請讀者注意，不要混淆了。

紫微vs.土象星座(第一集)
(處女・金牛・摩羯)

紫微vs.火象星座(第二集)
(獅子・牡羊・射手)

紫微vs.風象星座(第三集)
(雙子・寶瓶・天平)

紫微vs.水象星座(第四集)
(雙魚・天蠍・巨蟹)

這是四本讓你等了很久的星座書，西洋星座終於和紫微斗數相遇了！
法雲居士在這本書中讓你嚐到學貫中西的準確度，帶給你每一星座與紫微命理更有趣的相合點，
星座探秘單元更揭露個性與運勢的精彩演出，
不僅帶給你無限驚奇與趣味，也提供給你指引和啟發，讓你更能把握人生！

第五章　顏色所代表的時間、地點、環境之意義

顏色在中國文化中，將之譽為五德。所以中國自有自己一套的色彩學。這套色彩學，還會延伸到其他方面的知識領域之中，例如天文、地理、時間、節氣、風水、地理位置，以及國家或一個家庭的興旺等問題當中。

在中國文化中，顏色的分類，就以金、木、水、火、土，五大色系來化表，現代人常覺得為什麼這麼不精細？這麼粗糙的分類法？

用顏色改變運氣

實際上，中國顏色的分類是從儒家思想一脈傳承的。白色為金德，綠色為木德，黑色為水德，紅色為火德，黃色為土德。顏色的道統最早起自戰國時的陰陽家齊人鄒衍的『五德終始說』。因此自古以來，顏色所代表的地位很高，是朝代改制後，和定曆法、定歲首、定官制同等重要的事情。

在中國顏色代表了許多的意義，從下列卦圖中便可一目瞭然的看得出來了。

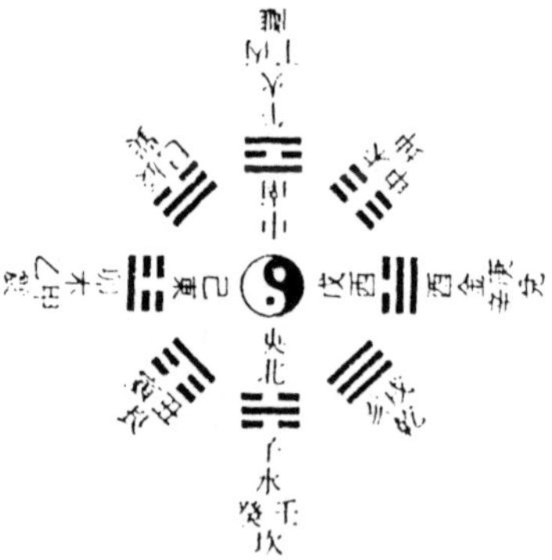

顏色深淺的表示

中國人對顏色，大致是以同類色系的顏色，將之歸類於同屬性的顏色。並不以明度的高低，或彩度的高低分得很細，但仍大致有一個規範。

例如綠色（青色），以『甲』來代表的：甲木代表高大的喬木，故屬於深綠色系。無論是帶灰黑的綠色，或靛藍色皆屬之。

前面『喜用神所代表之顏色』已有談及甲、乙、丙、丁、戊、己、庚、辛、壬、癸所代表之顏色，此處不再贅言。總之，甲、丙、戊、庚、壬，這些屬於陽干的顏色是屬於較深的顏色。而乙、丁、己、辛、癸，這些屬於陰干的顏色是屬於較淺的顏色。

十二地支也能代表顏色的深淺

十二地支子、丑、寅、卯、辰、巳、午、未、申、酉、戌、亥，也能代表顏色的深淺。例如子、午、卯、酉是四個正色。分別代表黑色、紅色、綠色、白色的四個正色。而辰、戌、丑、未是帶點土色的次級色（有混合色的味道）。而『丑』是黑中帶點土，又偏點綠的顏色。『未』是紅色帶土黃又偏白的顏色。『辰』是綠中帶偏紅土黃色的顏色。『戌』是黑和白的中間色（灰色）又稍偏白的顏色。

寅、申、巳、亥這四個顏色，也是混合色。『寅』是比較深綠（帶黑）的雜色，屬於暗綠色。『巳』是偏向正紅，稍黃發綠的顏色。但實際已很紅了。『申』是紅與白中間的顏色，偏向白色，實際上已很白了。『亥』是白與黑中間已偏向黑的顏色。實際也已經十分深灰近黑色了。

卦位也代表顏色的深淺

乾、兌、坤、離、巽、震、艮、坎八個卦位，也分別代表顏色的深淺。例如：離、震、坎、兌，代表四個正色的紅色、綠色（青色）、白色、黑色。而『坤卦』是介於紅和白的中間色。而『巽卦』是介於紅和綠的中間色。而『艮』卦是介於黑和綠的中間色。而『乾』是介於白和黑的中間色。

方位也能代表顏色的深淺

東、西、南、北、中五個方位，分別代表綠色（青色）、白色、紅色、黑色、土黃色。而東北東的方位，就是深黑綠色中比較偏向綠色、彩度稍高的顏色。西北西的方位，就是灰白色中比較偏白的顏色。以此類推。

顏色所代表的時間

既然顏色和天干、地支，以及方位皆是相通的，自然顏色在代表時間上，也是沒有困難的了。

例如：

一、代表季節。綠色（青色）代表春天。紅色代表夏天。白色代表秋天、黑色代表冬天。

二、代表年份。綠色（青色）代表五行納音屬木的年份，例如楊柳木為壬午、癸未年。或天干屬木的年份，如甲子、乙丑年。紅色代表五行納音屬火的年份。例如丙寅、丁卯為爐中火之年。或是天干屬火的年份，如丙子、丁丑年等。

三、代表月份。例如正月建寅，便是深綠色。二月建卯，便是正綠色。三月建辰，便是偏略黃一點的綠色。四月建巳，便是偏紅的紅黃色（類似橘色）。五月為正紅色。六月為偏紅黃較發白的顏色（類似較淺的鉻黃色）。七月為發白的略帶土色的顏色。八月為正白色。九月為偏白的灰白色。十月為偏黑的深灰黑色。十一月為正黑色。十二月為發綠的深黑色。

四、代表日子。例如綠色，代表五行納音屬木的日子，如庚寅日、辛卯日五行納音為松柏木。或是天干屬木的日子，如甲子日或乙丑日。又例如紅色代表五行納音屬火的日子，如戊子、己丑為『霹靂火』的日子。或是天干屬火的日子，如丙辰、丁巳日等。

五、代表時辰。例如綠色代表早晨的時間。也會因深淺不同分別代表各個時辰。深綠代表寅時。正綠色（正青色）代表卯時，黃綠色代表辰時。巳時已進入紅色系的範圍，代表色是橘色。午時是正紅色。未時是較白的紅色（粉紅色）。申時是發黃的白色，酉時是正白色，戌時灰白色。亥時是深灰色。子時是正黑色。丑時是略發綠（帶青色、偏藍）的黑色。

一個時辰中有二個小時，倘若讀者的眼力好、能再細緻的分辨出色彩的明度與彩度的略微差異出來。你就可把每個小時，甚至分鐘的代表顏色列舉出來了。但這不是一般常人所常用之規格。

顏色所代表之地點

顏色有卦位、方向的意義，自然能代表地點。

例如：正綠色代表東方，正紅色代表南方，正白色代表西方。正黑色代表北方。土黃色代表中間或中部地區、中央地區。

又例如：

『子』是黑色，代表北方。『丑』是發青的黑色，代表北東北的方向地方。『寅』是深綠色，代表東北東的方位和地區。『卯』是正綠色，代表東的方位和地區。『辰』是黃綠色，代表東南東的方位和地區。『巳』是橘紅色，代表南東南的地點和地區。『午』是正紅色，代表正南方的地點和地區。『未』是淺紅色。代表南西南的地點和地區。『申』是略發黃紅的白色（較帶雜色的白色），代表西南西的地點和地區。『酉』是正白色。代表正西方的地點和地區，『戌』

是灰白色，代表西北西的地點和地區。『亥』是深灰色，代表北西北的地點和地區。

顏色也可代表城市

顏色代表城市，有三種看法：一、是以城市名稱中的第一個字的五行屬相為主的。例如桃園市屬火，顏色是紅色。二、是以方位來看的，例如新疆在中國的西部，故屬金。代表顏色是白色。三、是以城市名字所出現的字來看的，例如上海市，有『海』有水，代表顏色是黑色。

就像台北市，『台』字本來納音屬火，但以在台灣北部、重要的代表是『北』字，故其顏色應該是水色或黑色。目前我們將之歸類於屬『金水』的城市。

某些城市之名稱會和所在地區的五行方位有衝突的，我們仍以其所在的方位為主要顏色為依據。例如蘇州，『蘇』字五行納音屬金，但在東部，故其代表色仍為綠色。但會帶有白色色彩的顏色。

人的名字中也包含著顏色

人的名字，是代表一個人的符號，具有納音五行。當別人呼喚這個名字的時候，其發音就屬於聲韻學中的內容了。當別人呼喚此名字的聲音響動時，便和此人的身體與元神性靈結合，發生靈動的感覺。這個聲音是讓人愉悅、喜樂的，自然此人的運氣就變好了。若此聲音是讓其人不舒服或沒感覺的，自然此人的運氣就蹇滯不進了。這也是姓名字的基礎理論。所以現代人要改一個好名字，其實要以納音五行合己用，找出屬於自己的喜用神五行要用，來取名字是最重要的事了。

方法不對的改名術

目前社會上普遍存在著用筆劃，再加上天格、地格、人格、總格之類的取名字的方法，實不為筆者所讚同。原因是：這一類『八十一劃吉祥數』之命名方法，是政府遷台後，人心苦悶、民間愛算命，一時又缺乏算命之書，因此向東瀛日本去找來的這麼一種吉祥數論吉凶的方法。日本明治維新後用的西元紀曆，和我們中國算命用的是陰曆有所不同，因此這套由日本偷學去的數字法，再經過在日本的轉換，再由商人拿到台灣來推行，因為方便，隨便查一查便有了。因此一般人求知、求命若渴的狀況下，趨之若鶩，以訛得訛。所以有些人在改了大吉大利的三十五劃或三十七劃名字，仍不見好，而凶劃數三十四劃的名字，也有大富大貴者出現。這就是字劃並不能統御人的吉凶。能統御人吉凶的是影響你靈魂魂魄的元神，我們稱之為『喜用神』的五行要素。現在許多人背棄了老祖宗留下給我們的豐富智慧遺產，而一味迷信外來次等的道聽塗說，是十分可悲的。一直以來有許多號稱命理師的人，在電視媒體上，大張旗鼓的鼓吹『八十一劃吉祥數』的命名法。倘若如此，讀者你自己就會算了，何必再請這些命理師來改名字呢?豈不浪費金錢。

人的名字中包含著顏色的符號，是由字裡而所包含的納音五行而來的。納音是所發出的聲音之五行音屬。例如成、承、城、施、蘇、蔣是納音五行屬『金』的字。其包含的顏色就是白色。紅色是納音五行屬火的字，例如涂、隆、霖、展、達、鼎等。綠色是納音五行屬木的字。例如凱、啟、堅、冠、貴、慶、麒、義等字。黑色或深藍色是納音屬水的字。例如：豐、航、霈、學、漢、發等字。黃色是納音五行屬土的字。例如圓、溫、韻、耀、琰、維、偉等字。

因為字有納音五行的關係，是故姓氏也有顏色。**例如**姓謝，納音屬金，就代表的是白色。倘若謝家的子女中，有人喜用神需火的，需要紅色來暖身命的人，名字中再取有金水格局的名字，就會與父母較無緣、不合睦，相處不融洽。倘若謝家子女中，喜用神也是屬金或屬水的，名字中再有金水格局的名字，就會與父母相處親密。這是磁場相合與否的問題。（有關姓名之問題請看法雲居士所著《紫微姓名學》一書）。

姓名中每一個字都代表一個顏色，這些顏色最好要成一個系統才好。例如『金水格局』的系統或『木火格局』的系統，或是『火土格局』的系統。

有時候，你出生的家庭姓氏和你所需的喜用神不合，但姓氏又不能隨便改。這時候仍要以名字中的其他的兩個字來改正，順應你的喜用神所代表的五行，人才會順利。

通常，姓氏和你的喜用神納音五行不合的人，會幼年較苦、家中不富裕，即便是幼年富裕的人，也會和父母不合，思想不一致，或是少小離家，有疏遠之貌。得不到父母家長的良好照顧，或不喜父母來照顧管束。這時候便要一切靠自己，仍是自己為主，來找尋屬於自己的運氣才為上策了。

所以選名字一切要以八字喜用神為主，才會有利於自己。也才會建造有利於自己的磁場。不但人的健康會好、運氣會變好、承受和趨福的能力會加強、智慧也會增高、頭腦會清楚、清晰、做人和做事都會得正派圓通，不走邪路。也會在錢財上多得。某些有暴發運的人，也是要由喜用神所代表之年份干支，以及地域和顏色來相助運氣而暴發得大的。

顏色所代表之環境空間

顏色所代表之環境空間，就是屬於風水上的問題了。當你知道每種顏色所代表之環境空間的意義時，你便會知道怎樣利用你的喜用神來修改你命格的缺點，更會利用環境、空間來改變你的運氣之方法了。

綠色所代表的環境空間

綠色是屬於草木的顏色，在五行上屬木。是一種欣欣向榮、或奮發圖強的顏色。通常八字中土太重，需要甲木疏土、做用神的人，要用深綠色的衣物用品，或佈置環境、空間，其人才會發奮圖強，否則會愚笨一生，默默無聞。通常八字中需要乙木做用神的人，很可能是『枯草引燈格』，借乙木來引火，故要用淺綠或黃綠色來佈置環境、空間，或做穿戴之衣物用品才會好。

深綠色（甲木）所代表的環境空間

深色樹木、高大樹木多的地方，如森林區、木材場、木器及木製品、工廠、傢俱工廠、紙行、植物種植所及實驗室、學校及教育機構、文化事業之機構、專賣政治、經濟、軍警等嚴肅題材之書店和出版社、司法及軍警界的文職部會。布店、買賣布之公司、宗教勸善之事業機構、販售植物、樹苗之地方、精神病院，以及環境中多深綠色之環境、房間、空間等。也代表面向東方、地處東方，面向高山及向深綠色的地方。

綠色（乙木）所代表之環境空間

淺綠色所代表的地方，如花園等草木花卉、矮樹叢或草地多的地方，也代表面向東方，地處東方，面向平坦綠色草地與園林的地方。更代表花木培植場、植物加工或做手工藝品（如做燈籠店、草席店、榻榻米店）竹器店、販售青果類的商店，園林佈置、藥行、醫療界、香燭店、販售或出版軟性、家庭類、幼兒教育類、小說類之書店或出版社。或幼兒教育及遊樂場所。以及環境中多淺綠色、黃綠色之環境、房間或空間等。

紅色所代表的環境空間

紅色屬於太陽或火光的顏色，也屬於血液的顏色。在五行上屬火。是一種熱情、豪放、衝動、火爆、有放射性、誇大性、自以為很強勢，有時候是犧牲奉獻、無怨無悔，有時候是侵略性強、爆發力強、會延伸影響別人的顏色。通常八字中水太多、太冷。生於冬季、又天干、地支上水多的人，**要丙火暖命、做用神**。須要大紅色、深紅色、紅咖啡色的衣物用品及所佈置的環境、空間來改變運氣。否則會一生運蹇、財少、困頓。**通常八字中要丁火做用神的**人，是借『劈甲引丁』之力，或借丁火之力制庚金為用。故要用淺紅色、粉紅色來佈置環境、空間，或以淺紅及粉紅色來選用為穿戴及用品。

正紅色（丙火）所代表的環境空間

正紅色就是中國人所慣稱之大紅色、鮮紅色。但在用於人周身及周圍環境中來改變運氣之色彩的彩度範圍都較廣，舉凡比較紅的，例如橘紅色、紅咖啡色、深紅色、紫紅色、暗紅色、酒紅色等等也皆屬於此丙火所代表之顏色範圍。所以總而言之，就是較深、較濃的紅色。

正紅色所代表的地方有周圍是鮮亮紅色的環境。如裝潢是大紅色的屋宇、廟宇、或室內裝潢為大紅色之餐廳、房間、建築物等地方。還有會發光、照明十分光亮的地方，如燈塔、遊樂場、歌舞表演場、國家劇院、燈具店、照明工廠、照明工地、光學工廠和機構、十分明亮的地方、製油廠、石油公司、加油站、裝飾性的行業如百貨公司、化妝品店、酒店、熱飲食之餐飲店、公家機構、政府機關、加工及修理工廠、易燃燒及燃料工廠及商店、慈善事業、教養院、孤兒院、宗教性學院等地方。

淺紅色(丁火)所代表的環境空間

淺紅色(包含粉紅色),是較淺的紅色。也是明度較高、較淡的紅色。有時,稍淡的桃紅色也屬之。它所代表的環境是周圍有淺紅裝潢佈置的環境。或是有燭光、微弱燈光、火、光所代表之環境。例如有燭光晚餐的餐廳、有氣氛祥和、浪漫的房間及餐廳、旅館等養生用品店、玩具店、小裝飾品店、簡餐店、小而生意好的公司、行號。小的公家機關、蠟燭店、小遊樂場、衣帽、絲巾用品店、賣精油、香薰用品店、洗溫泉的地方，藥草薰身養生之地方。亦或是有小紅花繁茂的地方。

黃色所代表的環境空間

黃色在五行上屬土，代表泥土的顏色。有內斂、含蓄的意思。中國人一向認為土能生金，鮮亮的黃色又與金色類似，因此以黃色為富貴的象徵，再加上黃帝以及漢朝為土德，用黃色為皇家服色，更增加了後人以其為富貴的象徵之認定。**中國人所認為的黃色**，包括範圍十分廣，凡是深淺不同的黃色、土色調，以及偏黃的東西，常都認定在黃色的範之內。所以偏黃的咖啡色也是屬土的顏色。略偏綠的土黃色也是屬土的顏色。略偏黑或紅、或白的土黃色，發白的淺咖啡色也是屬土的顏色。通常八字中水多無制者，需要用戊土制水做堤防的人，**喜用神為戊土的人**，需要用深土黃色、深土色來佈置自己的環境和衣著穿戴用品之選月。八字中水少，或用己土混壬的命格的人，**喜用神為己土的人**，需要用淺黃色、淺土色、淺咖啡色、明亮度高的黃色系來佈置自己的環境和衣物用品做選用。如此便能改善運氣。

深黃色（戊土）所代表的環境空間

深黃色屬於鉻黃色、土色和土咖啡色的顏色，或是帶黑的咖啡色、土色。有時也會是偏綠的土色。在五行上屬戊土，是一種厚重、較硬的土。這是一種深埋的土、是內在含蓄、內藏豐富，不會顯露於表面，因此帶有穩重、有財富的象徵。

深黃色所代表的地方有周圍是鉻黃、土色和咖啡色等大塊出現的環境。如黃土高原地區、洞窟、提防等，如裝潢和建築為這些顏色的地方，如寺廟、田地、土產地、畜牧場、飼料場、石灰場、建築工地或建築材料場、房屋買賣業之樣品屋、墓地、仲介業的服務所、大自然原本物質形態的產品製造所。以及外型平坦的、遼闊的地方。或矮型、卻體積龐大、梯型的建築物及房舍或倉庫等屬之。也代表鄉鎮城市的中間、中央地區。

淺黃色（己土）所代表的環境空間

淺黃色屬於淺咖啡色，較淺的黃色或檸檬黃之類的黃色，明度較高、或較發白的淺黃、淺土色。在五行上屬己土，是一種較薄層的土、也是一種略帶濕潤、較軟的土。這種土有時又像灰塵一般略敷蓋在物品上，不能真正深埋物品，而只是會阻擋人的視線、蒙蔽了物品的光亮而已。如此的話，就最怕下雨或有水來混合，搞得泥濘不堪、髒兮兮的了。

淺黃色、淺土色所代表的地方是平坦多土的地區、街道、田間小路、離鄉鎮城市中心不遠的地方，在大範圍中仍屬於中央地區。另外還代表當舖、代書事務所、律師事務所、仲介所、買賣及設計顧問公司、喪儀業者的店面，尼姑、和尚居住的房間、農業改良試驗所、農產、畜牧的培殖或研究場所，以及會計師事務所、秘書室。以及外形平坦的小塊地方，例如大樓頂樓的空間、或矮型，基本不算很龐大的房舍或外型是小的梯型建築物或小倉庫等屬之。周圍顏色是淺黃或淺土色的裝潢佈置的地方、或自然景觀，也都屬於此範圍。

※請注意發亮的黃金色及黃銅色屬於庚金的顏色範圍，並不屬於此範圍。

土色。

白色和黃金色（庚金）所代表的環境空間

正白色和發亮的黃金色在五行上都是屬庚金的範圍，是一種堅硬的金屬所代表的顏色。古代中國人發現銅礦以後，可製造兵器和鼎，因此把黃銅色也稱為金。因此凡是裝潢是白色、黃銅色、發亮的金色，皆是屬金的環境空間。此外亦代表一些金屬、礦場、堅硬和決斷事業的場所，例如民意代表服務處、挖掘工地、法院、法官住所、賣汽車的店舖、汽車修理廠、交通業的辦公室、銀行、金融機構、科學鑑定、科學研究室、伐木土地、刀劍製造廠、煉鋼廠、鋼鐵切割廠、武術館等，以及外表發亮，或是玻璃幃幕的大樓、或是周圍一片白色、黃銅色、黃金色佈置的地方。以及大的圓形建築皆屬之。

灰白色和白金色、不銹鋼色（辛金）所代表的環境空間

灰白色和發暗、發白色的白金色，發亮的不銹鋼的顏色所代表的都是五行屬辛金的顏色。辛金的顏色也屬於質地較軟的金屬所代表的顏色。像女性所配戴的首飾、裝潢性的金屬用品、小件的金屬用品皆屬之。

因此裝潢是略帶灰的白色、會發亮的白金色、或用不銹鋼來裝潢的地方、或建築都屬之。另外還有珠寶店、鑑定師開業所、小的金屬零件販賣所、工具製造廠、五金行、電器行、電料行、鈕扣行、服飾店、鞋店、小的施工場所、珠寶首飾加工廠、鐵工廠、做鐵器之工廠、保全業服務處、鍍金場，以及外型是較小或較平的圓

型的建築、地形的地方、環境皆屬之。

黑色所代表的環境空間

黑色是屬於深遂的水為顏色，其中深藍色和所有近乎黑的顏色金屬之。不論是黑中略偏紅、或偏綠、偏土色，只要已近乎黑色，皆為黑色所統御了。黑色是一種深沈、會流動，但不太顯露出來，會暗地裡變化、侵蝕，也會是奔波、流動速度快、是一種有感覺，容易深陷下去，也容易有危險的顏色。

水色所代表的環境空間

水色所代表的環境空間，就是指五行是壬水和癸水所代表的環境空間，同時也是指白水和黑水二種不同水色所代表的環境空間。

水色中包含透明的顏色、深藍色、淺藍的水色、白色的水色及黑色的水色。

透明、白色水的環境空間

透明的、白色的水代表的是五行屬壬水的顏色。壬水是大海、大河之水。當太陽直接照射海面、河面上時，我們所看到的就是光亮一片的白色。但我們知道水是透明的，故稱它為透明、白色的水色。

這種條件所代表的地方是航海的船舶、碼頭、湖、海邊、海上、有奔流性質的河流、面積大的湖、河、水邊、池塘。或是旅行業的旅行社、觀光旅館、搬家公司、導遊、馬戲團所在地、表演場地、魚獲販賣地、水產養殖地、水族館、有瀑布的地方、打撈公司、靠海生存的行業所在地等等。同時也是裝潢用淺藍的水色、白色及透明和深藍的顏色相間所裝潢的環境、空間皆屬之。

透明、黑色水的環境空間

透明的、黑色水代表的是五行屬癸水的顏色。癸水是雨露之水、或是小湖泊、靜止，不太動、動的不大，例如沼澤中、小坑洞中的水。因此它容易帶有深沈的顏色，而是黑色。

這種條件所代表的地方是有冰庫的地方、冷藏業公司、游泳池、賣玩具的店、魔術團、浴池、販售冷凍食品的公司和店舖、做冷溫不燃液體的工廠、冷媒廠、乾冰製造廠、滅火器製造廠或滅火器存放之地，可釣魚的地方、漁具店、打掃清潔的公司行業的地方、冷飲店、賣雨衣、雨傘、雨具的地方、電影院等場所。以及周圍裝潢以黑色為主的場所及環境空間皆屬之。

由以上可知，顏色所代表的環境、空間非常廣泛，但大致上會有一定的脈絡可尋。在古代，這種顏色所代表的環境空間的知識用法，是一般深知五行的人，以及知識份子所慣用的。因此在古代的偵察、情報工作上也常用到它。在現今的人，比較會將之運用在風水和求運、增運方面。

顏色的符號

鮮紅色（丙火的顏色）—

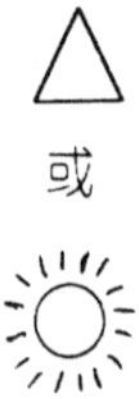

淺紅色（粉紅色）（丁火的顏色）—

深綠色（甲木的顏色）—

淺綠色 乙木的顏色）—

深土黃色（戊土的顏色）—

淺黃色（己土的顏色）—

正白色（黃金色）（庚金的顏色）—

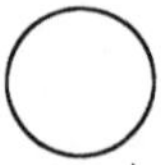

大圓形或八卦形

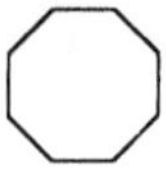

灰白色（白金色）（辛金的顏色）—

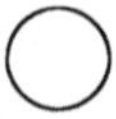

小圓形

白水色（壬水的顏色）—

黑水色（癸水的顏色）—

第六章　如何用顏色來改變運氣

要利用顏色來改變運氣，其實就是要利用屬於自己命格的喜用神所代表的磁場力量來改變自己的運氣的意思。

我們都知道，喜用神就是從我們的生辰八字命格中修改、及平衡了八字中的五行生剋，而形成的最有利於我們生活、生存的一種磁場環境。因此喜用神就是我們命理的妙藥仙丹。缺其不可。違逆了喜用神所代表的磁場方向，和顏色用法以及代表意義，便是自己給自己找麻煩、自找不順。這多半是頭腦頑固和頭腦不清的人所會做的事。一般人在運氣好的時候，自己的頭腦清明，在我們的腦部

用顏色改變運氣

意識中有一種自然的、會分析有利於自己磁場方向的潛在能力，十分奇妙。所以有些人運氣好的時候，會自然而然的走到自己的吉方和財方去得財和賺錢。人運氣不佳的，會頭腦不清、常猶豫不定、思想混淆、會被衰運的想法拉扯，而進入屬於自己的凶方、忌方的方位而遇禍事。

所以基本上人是可以自己來感覺有什麼吉色是屬於你的，以及也可以感覺到屬於你的好磁場是什麼方位的。除非你的八字刑剋較多，你就會思想混亂、頭腦不清，而無法分辨自己應該屬於什麼樣的好磁場之下，才會對自己有用。此時你應快速的請命理師幫你的忙，找出喜用神方位、和五行旺運的吉運運程出來，或找出有利於你的顏色出來才行。

要用顏色來改變運氣，方法有很多，例多：

㈠、改變自己的生活、生存環境

改變自己的生活、生存環境，就是要以自己的喜用神為主的顏色來佈置生活的環境。例如：喜用神要水的人，要分清楚是壬水和癸水？壬水是白水。癸水是黑水。故喜用神是壬水的人，是以白色和淺藍水色，以及白的發亮的顏色為主的人。喜用神是癸水的人，是以黑色、透明色、深藍色系、黑得發亮之色系的顏色為主的人。兩者有所不同。

命格是金水格局，需要壬水為喜用神的人，需水恐急。一定需要大量的水才行。故在生活環境中（風水上）。要住白色的、淺藍色、灰色的房子為佳，房屋坐向要向北（坐南朝北）。最好位在水邊、湖邊。所住的地區，要在城市或國家的北部。地域是稍冷較好。例如中國北部、北京、上海、東北等城市，或海域等帶水的城市。在台灣的北部及台北市、北區、天母、北投等地皆是較好的區域。倘若是新加坡、泰國、越南人或在當地的居民，則以住在該地區的北部地區為佳。如果能出國，往北走，這些人也會較生活舒適、賺錢較多。我在論命時，常遇到這些國家的人來台灣找我算命，實際上他們往北走，來到台灣後，都賺錢較多，物質生活富足，事業有發展，這些人都是命格中喜用神要水的人，也大多是生於夏季，需水恐急的人。倘若喜用神需火的人，他在當地待得很好，也不易出國來台灣了。

喜用神要壬水的人，最好室內裝潢也是白色系和水藍色，淺藍色亦或是白色和藍色、橫條紋的裝潢、或衣物。

㈡、**穿衣及用品要以白色和水藍色為主**。睡覺時的床頭也要朝向北方。頭朝北、腳朝南，和地球的地軸呈平行狀態。這樣你的磁場和地軸的磁力相合，你才會頭腦清楚，休息時能得到最佳的睡眠，精神才會愉快，人的運氣才會好。

㈢、**在求財和找工作方面，要向北方去找**。自己住家的北方或自己居住地區的北方皆是有利於你的吉方、財方。而往南則是凶方或忌方是不宜的。火紅色系的建築、裝潢所在地對你不利，會刑剋你，要小心。甚至是在你周圍穿有大紅色衣物的人，也全和你不合，要小心。

㈣、**在精神方面也可用顏色來改變運氣**

我們也可用顏色來塑造自己精神方面的運氣。

例如：

①、看看我們的名字的五行是否和自己的專屬喜用神相合

倘若是喜用神是壬水的人，就必須名字中的三個字皆是納音屬水的字，人的姓氏是不可改的（除非是養子、養女），所以就不必煩惱了。第二個字代表自己所可享用的財和福祿，以及自己的成就。名字的第三個字代表自己和子女的關係和自己的才華，所以中國人的名字就是要合於喜用神的吉用，才會對你好。你才會享用得到。

名字是別人呼你的聲音，當別人呼喚你的聲音傳入的耳中、腦中，靈魂深處時，你會產生一些震懾，我們稱之為『靈動』的力量。這個聲音是讓你愉悅的，你的心情為之振奮，你的運氣就好了。也給你帶財來了。倘若反之，則你的運氣不強，財也離開了。所以人取名字時，不但喜用神要合，而且要選用帶財的字、帶官的字為佳。（帶官的字就是具有事業運的字。）

因此把名字改為喜用神相合的字，就是把名字改成所包含顏色為你合用的字的意思。

②、儘量將自己視覺所及的地方佈置成自己喜用神所需的顏色。

也就是將你的住處、辦公室、睡覺的房間，裝潢佈置成合你喜用神顏色的體系。**例如你的喜用神是金或水的人，就以白色或藍色系為主來裝潢、佈置家中或辦公室或臥室。**家中也可以掛瀑布的畫的和擺魚缸、水晶、小噴泉等擺設，少用紅色的物品來混亂視覺。眼睛所及的地方，最好是清淡的白、藍、灰、黑系列及寒色系列的顏色。

與你最直接影響的就是你身上所穿的衣服，以及睡房中的棉被、鋪蓋了。因此穿衣和床上的棉被、床單，這些會包裹你身體的

用顏色改變運氣

物件，全都要是寒色系列的顏色才好。若用到忌神的顏色紅色，則容易睡眠品質不好，會造成白天的精神萎靡或容易生病。有精神上被刑剋的感覺。

倘若喜用神是需火的，上述屬於你重要活動空間中最好是以紅色系、暖色系的顏色來裝潢、佈置是最佳的，可以用深淺、明暗不同的紅色系顏色來裝扮、佈置。穿衣要多穿紅色，男性用帶黑的紅咖啡色或暗紫紅色皆可。棉被床單用暖色系、紅花色多的較好。

許多命中缺火的人，容易多傷災或身體不佳，多用紅色之後，便可得到消災解厄的護身符了。

倘若喜用神是需木的，則要將自己的活動範圍中多放綠色植物或以綠色顏色來佈置，深淺不同的綠色都是最好的。尤其命中缺木的小孩，可以用可愛的粉綠做衣物、棉被、床單的顏色。在這種環境中，小孩會自然而然的變積極，而不再懶惰。在讀書方面也會努力功課。

倘若同一家中的人有喜用神不一樣的，例如夫和妻的喜用神不一樣，一個要火、一個要水的，或是在一個房屋中共同所居住的人會有不一樣的喜用神需求的。則以一家之主或房屋中具有領導地位的人，或是主要掌控經濟來源的人，以他的喜用神宜忌的顏色來佈置、裝潢你們的房屋。

夫妻、兄弟姐妹同住一臥室而分床睡的人，可以各自尋找到自己合方位的床頭向。同床而眠的人，則可協商、某幾天睡那一個磁場方向，那些天顛倒過來，睡另一個方向。倘若同住的人，一方是性格強勢的，一方是性格溫和、弱勢的人。自然是順應性格強勢的人的方位朝向，以免紛爭了。不過，有關於自己的私人用品，如衣物穿戴用品，則還是可隨自己的喜用神來運用的。

第一節　如何增加財運的顏色用法

要增加財運，首先的要務，自然是要改變你周圍的磁場，使它更有利於你，因為屬於你的喜用神所代表的顏色就是修正你的命格後，最有利和適用你的元素顏色了。因此喜用神所代表的顏色，就是能真正增加你的財運的顏色。

有時候，你的喜用神並不一定是你日主的財星，很可能是食傷、比劫、印綬等星，但仍以喜用神所需之星為主。因為你的命格中一定有偏頗或刑剋的地方，一定要先平衡了命格，補足所需，先改善好了，才能講到財。故某些略懂八字，但一知半解的人，為了求財若渴，會擅自用財星來改做用神，這是不對的。往往惹出大堆事情，根本沒順利過，又怨東怨西的，這就是頭腦不清的問題了。

還有一個狀況是：我在論命時，常遇到以前算命被別的命理師告之錯誤的方位和喜用神顏色的問題。例如一個人的八字經由我演算出來後，喜用神是需水的，需向北方生活，用金水系列顏色為吉的人。而以前的命理師是告訴他需要向南方為吉、穿紅巴衣物為好的。

每次遇到這種狀況時，我都會詳細解釋此人的命格結構和演算的方式，以及喜用神是如何演算出來的。並希望他自己去印證結果。

南方和北方是南轅北轍的差距，紅色系和寒色系也是正反的差別，這是非同小可的事情。因此你在算命時，一定要去求命理師告訴你，為什麼要用這個方位和顏色？屬於你的喜用神又是如何算出的？講不出所以然的人，便是八字命理還不通的人，他的話就值得考慮了。

另一種自我檢定喜用神的方法就是：用自己的感覺來檢定。例如你自己常可以感覺出自己穿什麼顏色的衣服最順利？自己朝那個方向去最順利？亦或是自己位什麼朝向、方位、外觀顏色的房屋最順利、財多？亦或是自己在那些干支年份最富裕順利？等等的問題，以這些問題中所代表的五行及顏色、方位來考察，是否真合於你的需要，而定出來你的喜用神。

但是這其中也會有一些問題存在。例如八字中水多寒冷格局的人，就最喜歡穿寒色系的衣物用品，尤其喜歡黑色。但喜用神需火來暖命，可是他卻頑固的喜歡金水系列的顏色、方位，老是不順或財少，還是固執的待在金水系列的環境之中。

又例如日主屬木，支上又成木局的人，木太多需要靠金來剋掉一些木氣的人。他最容易在精神、思想上又貼進五行屬木的環境之中，而造成對自己不利的狀況。你要他去感覺、去找自己喜歡的環境，結果他又掉入自己習慣的、對自己根本沒好處的環境之中了。這種人，他的自制力不強，無法用感覺找到有利於自己的喜用神方位，一定要大運、流年非常好的時間，才會有所頓悟。一般時間就是愈不順、還愈頑固的狀況，因此需要別人的點醒，為他找出正確的喜用神才行。

因此找出正確的喜用神，為增加財運最首要的方法，也是最根本的方法。

用黃色來增加財運

黃色自古以來便是貴族、皇帝所專用的顏色。有代表富貴、崇高意義。現今佛教中也是用黃色為代表，故許多寺廟都是聚納財富的吸金機器。往往一場節慶法事做下來，數千萬的禮讚超渡的費用源源而來，年收入上億、十分驚人。因此黃色始終和金錢是不分家的。所以多用黃色是可以達到增加財運的效果的。這也是任何人，不分喜用神宜忌，皆可用的顏色。但是黃色中只有鵝黃色和鉻黃色是帶財的顏色，檸檬黃和帶土的黃色則帶財較少，有瑕疵。

喜用神為庚金、辛金、壬水、癸水的人，增加財運之方法

喜用神為金水格局的人，在佈置自己適合的環境時，仍是以金水系列、寒色系列或白色、藍色、黑色系列為主。但可在某些方面加強一些主財的象徵，來增財運。

例如在房間的財位上放黃色或黃金色的裝飾擺設，或放一盆、一瓶黃色的花等等。黃色的向日葵、黃色的素心蘭、一大把金慧星等植物花等都是很好的。另外放金獅、金虎都不錯，養魚要養金龍、黃龍或是黃色錦鯉，都會是代表富貴的象徵。即便是窗簾、沙發改用黃色、有大塊的黃色出現，也會讓你因為視覺的關係，時時心中有財。

在個人的生活用品上

雖然你的喜用神是金水格局，所用的顏色以白色、藍色、黑色、水色為主為吉。但偶而可穿黃色的衣物，以及黃白相間的條狀或格子花紋的衣服，尤其是在求財的時候，或時間是主財的時間穿最好。**切記：喜用是金水格局的人，所用的黃色中，是不能帶有土色的黃色**。倘若黃色中偏向土色，則會有蓋水的嫌疑，會阻礙水的發展，那就不吉了。

在個人的書桌、辦公桌上的左上角上，亦可放金獅、金虎之類的擺飾，或是金色錢幣，金元寶、小魚缸、水晶或一瓶黃色的瓶花等飾品來增財。

※書桌、辦公桌的左上角是桌子的財位。床頭的左上角也是床的財位。

在個人的身上可以隨身配帶一個黃色的錦囊或黃色錢包，裡面放入三件東西。一、是自己的紫微命盤或生辰八字，二、是一塊小水晶或白色的石塊。三、是錢、紙幣或錢幣、銅板皆可。將這個黃色的小錦囊或錢包常隨身攜帶，來增旺財運。這個隨身的增財吉祥物就是你隨身的聚寶盆。

喜用神為火的人，增加財運的方法

喜用神要火的人，原本需要用的吉色是紅色，是用來調節命理氣候和暖命之用的。當此人要增加財運時，也還是要搭配黃色系來應用才行。**一方面在風水及裝滿所居住或身處的環境，要其有紅色和黃色，**亦或是黃金色相間而成的周圍環境，這時候所用的顏色即使是帶點土黃色都是沒有關係的。因為火能生土的原故。所以土金色也是能合適的。

在個人穿著方面，適合直接穿黃色的衣服，亦或是穿紅黃相間條紋或紅底、黃色花紋的衣服來增財。所需的黃色也以明亮的鵝黃色和明亮的鉻黃色為佳。帶黑灰的黃色則不宜。

在個人的書桌、辦公桌上的左上角的位置，可放置紅色會流動的擺飾，如跑馬燈、紅獅、紅虎、金色錢幣、金元寶或是其他金色、紅色相間的飾品擺飾，以及放置黃紅相間的花朵。在牆壁上更可以掛黃色的老虎、咖啡色的馬等圖片。**所要養寵物來助旺財運的顏色**，必須是土黃色或咖啡色的顏色，才會對你有利。

你也可以隨身配載黃色的錦囊或黃色錢包，做為你隨身旳聚寶盆。但切記：你是喜用神需火的人，因此錦囊中只要放錢或錢幣和紫微命盤或生辰八字用紅紙來寫就好了。不必放水晶和白色石頭了。因為那是金水格局的人才需要的。

切記：每日睡覺休息時，必須頭朝南。所用的被褥、床單要是紅色、粉紅色（明暗深淺的紅色皆可）、或是紅黃花圖案的亦好。每日出家門時先向南走十步，再轉向要去的方向。另外再多檢查自己流年、流月、流日、流時中帶財的運氣，加以應用。則必會加強財運而成功。

喜用神為木的人，增加財運的方法

喜用神為木的人，原本需要用的吉色是綠色。是因為八字中土太多而剋去土要用的顏色。本來是八字中土多的人主富，但是命格中土太的人也會頑固愚懦，有些笨和土氣，而不聰明，也會沒有財。因此綠色（用木疏土）的應用就很重要。此人要增財運時，也是要用明亮的黃色來增運。

喜用神為木的人，其人八字中土多，但為深土色或暗土色而無用。其人非常需要用明亮的黃色和金色及綠色來搭配應用，才會顯出富貴之氣出來。所以明亮的鵝黃色和駱黃色和金色，也是最佳的選擇用色。

在個人方面，直接穿黃色的衣物，或是穿黃綠相間條紋或綠底黃花的衣服來增財為佳。

在個人的書桌、辦公桌上左上角的位置，可放置繫有小的金色蝴蝶結的植物、或綠色的青蛙（跳財），啣金幣的蟾蜍。以及綠金相間的飾品擺設，牆上適合掛『原野中有一大片黃花盛開』的照片。家中所養來助旺財氣的寵物貓狗之顏色要黃、白、黑三種花色集於一身的寵物較吉。

每日睡覺時，必須頭朝東。所用之被褥、寢具要以淺綠色，或明暗不同深淺的綠色系列花樣的皆可，亦或是綠底、黃花的被褥、被單也最好。每日出家門時，先向東走十步，再轉向要去的方向。也要多檢查自己的流年、流月、流日、流時中帶財的運氣，加以應用，來增加自己的財運。

第二節　增加事業運、官運的顏色用法

增加事業運和官運的顏色，最主要的是藍色系的顏色。尤其是深藍色、最為穩重有力。同時深藍色也是具有深遂、內藏智慧，不輕易顯露出來，會慢慢釋放能量。

另外，藍色有如大海的顏色，具有吸納周圍物質，能包含萬

物、有容乃大的意義。藍色還具有善於變化隱藏的意義。例如藍色加點白色，就成了粉藍色，是安靜而可愛的顏色。深藍色加點黃色，就成了綠色，是積極奮發，生長茂密、欣欣向榮的顏色。藍色加點紅色就成了紫色。是具有幻想或愛憎，或是代表不切實際的顏色。是一種模稜兩可之色。藍色有這些豐富的變化，無怪乎你從事任何行業，如挑戰性的行業，創意的行業、勤勞努力型的行業，只要再帶點藍色來一同運用，你都會做得下去。在工作上有加分的現象了。

喜用神是金水格局的人，增加事業運、官運的顏色用法

本來喜用神是金水格局的人，就是命中火多或火土重、欠水的人。這些人性格較豪放、衝動、打拚力強、肯苦幹、實幹，但命中

欠水，就像萬事齊備，只欠東風一樣，只要有了水會萬事齊備一切順利。在他們喜用神所代表的顏色中本來就有藍色這一項必備之顏色。此時要增加事業運、官運時，更是獨一無二必用之顏色了。**淺色的淡藍色和粉藍色**，是從事於照顧性的行業，例如照顧幼兒、醫護照顧，要付出耐心和愛心，有沈著、穩定性格所從事的行業所適合增進事業運的顏色。

深色的藍色如海軍藍、海藍色，則是較於嚴肅、成熟的顏色，也適合從事決斷性、知識性，具有智謀，又不斷打拚事業的人來增進事業運的顏色。

至於靛藍色，是帶有綠色味道藍色，則是具備積極奮發、有努力的衝動，要快速達到成功目的的顏色。但某些時候是會因太顯眼而遇到外在環境中稍強的抵制或挫折的顏色。因此要善加應用才行。才不會因為稍為激進了一點，而達不成目的。

在個人改運方面，自然以在藍、白色系為主要色彩裝潢的辦公場所中工作。在衣著用品上也是如此為佳。在睡眠、休息的寢室中最好也是以藍白色系的佈置為主。

在個人的書桌、辦公桌上的左上角處，可放置地球儀，會轉動的水車之類的物品來增運，使運氣運轉得快一點。

因為『財』和『官』是一體兩面的東西。事業好，財也會順利。財多、事業也會發展得大。因此前面所談及增加財運的方法中的一些小秘訣，也是可以多注意拿來應用的。例如每日出門時，先向西方或北方走十步後，再轉向要去工作上班的地方等等。

喜用神是火格局的人，增加事業運、官運的顏色用法

喜用神是需火格局的人，在命格上多半是水多金旺的格局，或是需要火來調節氣候的格局。因此這種命格的人，常是運氣不佳、多傷災、或是想拚命又後繼無力的人。既然命中缺火了，沒有火就不行，有了火來助運才會有好的發展。但是在現實環境中藍色仍然是增加事業運、官運的較佳顏色用法。所以此時，應以紅、藍二色交替，交叉使用較佳。例如用紅、藍相間的條紋，或格子狀的方式，或是以紅、藍並存的塊狀或點狀的方式做衣物用品、裝飾，可達到既保有火的溫暖，也保有了事業上積極穩定的色彩性格。

但在個人書桌、辦公桌的左上角位置，仍要放紅色的擺飾物品。例如紅獅子、或一本紅色書皮的專業用書，或一本包紅色書皮

的六法全書、辭典之類的物品，來增加事業運。同樣的，財官一體，故命理格局缺火的人之增進財運的小秘訣，仍然是適合再用的。

喜用神是木格局的人，增加事業運、官運的顏色用法

喜用神是需木的人，在命格上多半是土多，需木來疏土。也有是金多需木來剋掉一些木的人。因此最好你要先分清楚自己的命格是屬於那一種?舉凡上述這兩種命格需木的人，都會在性格上有些愚懦、發奮力不強。自然事業運也不強了。要增加事業運是當務之急，但又心有餘而力不足。

命格中需木疏木格局的人，增加事業運的顏色用法

在命格中需木來疏土的人，要增加事業運、官運的方法，要用藍中帶綠的顏色。例如靛藍色或藍綠相間的條紋，或塊狀或是藍綠格子狀的顏色來做衣物穿著的改運方法。休息睡覺的寢具也最好是這些顏色的用品。生活及活動場所、工作場所，最好多放置一些花木植物，讓其人眼睛所及之處，多一些綠色，來增加其人的積極發奮的力量。個人的書桌、辦公桌上也要放一小盆植物，例如仙人掌或尖型葉的植物才行。此種人最需要堅持，每日出門時，要先行往東方走十步，再轉向工作上班的場所才行。

命格中金多，需木來剋金格局的人，增加事業運的顏色用法

在命格中金多需木來相剋掉一些金的人，多半是命中財少官輕的人。表示是財官都不旺，故事業運不佳，也缺少智慧來發展事業。這種人本身頑固，也不愛聽別人意見，非常麻煩。可以建議他最好是穿黃、綠相間的衣服，用黃綠相間的條紋、格子衣物、床單、被褥，來改變其性格上的頑固，使其人心中的財稍為增多一點，人也不會太頑固不化，而能圓融一些，在工作上會順利一些。在其人的書桌上的左上角位置，最好放一小盆黃金葛等圓形葉的植物或啣著金幣的跳財（青蛙）、蟾蜍。先增加其財運，才能談事業運的增長。

如何幫子女找一個好生辰

第三節 增加讀書運、考試運、發奮圖強的顏色用法

讀書運、考試運的形成

讀書運、考試運在紫微命理中，稱為『陽梁昌祿』格。具有此種格局的人，以生於卯時、酉時的人，最有機會擁有。因為生於卯時、酉時的人，文昌、文曲雙星會在丑宮或未宮出現，而『紫微在子』、『紫微在寅』、『紫微在卯』、『紫微在辰』、『紫微在午』、『紫微在申』、『紫微在酉』、『紫微在戌』等八個命盤格式又生於卯、酉時的人，大多能形成『陽梁昌祿』格。只有『紫微在丑』、『紫微在未』、『紫微在巳』、『紫微在亥』四個命盤格式的人，要生在寅時或

申時才有可能形成『陽梁昌祿』格。而且這四個命盤格式的人，是最少具有『陽梁昌祿』格的人。就算擁有了，也多半是折射的，很少是正規格局的。因此這四個命盤格式的人，在讀書運、考試運上也不算很強的了。

在八字命局中，則是以干上有甲木，再有會木局的人，或是支成木局的人，較易能形成紫微命局中所稱的『陽梁昌祿』格。

綜合來說，八字中木火旺的人，會有讀書運、考試運。

因此，一個人會不會唸書、喜不喜歡唸書、想不想唸書，完全寄望於八字及紫微命格中『陽梁昌祿』格局的旺弱或瑕疵，或者是行運是否逢到太陽、天梁、文昌、祿星的格局、流年年份上了。

通常唸不進書、考試成績不理想的人，多半是有些懶洋洋，一看到書就會打瞌睡。別人急、他不急。明知需要發奮，但總提不起勁來。這時候就非常需要運用顏色來改變其鬆懈頹廢的精神，使其積極起來，主動來，找出讀書記憶的方法，才能有助於考試運。**這時候用綠色色系的顏色是非常有用的顏色**。可以運用不同的深色、淺色或帶黃一點的綠色，嫩綠色、石綠色、靛藍偏綠等的顏色來相互參差、調配，佈置在欲增考試運、或要增加讀書運者的四周。例如讓他身上的衣物、穿綠色的，即使是淺淺的綠色都好。睡覺時的床單、被子也用綠色、綠花紋的。室內多放幾盆綠色植物。尤其在書桌左上角的位置，放一盆小植物，會增加讀書運。

喜用神是金水格局的人，增加事業運、官運的顏色用法

喜用神是金水格局的人，是命局中火旺缺水的人，在欲增加讀書運、考試運時運用綠色時，要特別小心。因為本命局是火旺土燥

缺水的格局，綠色又代表木的顏色，木會增火旺，有時會增其人性急、衝動、坐不住、讀書唸不下去的情緒。因此在運用綠色時要特別小心。

喜用神為金或水的人，最好在增加考試運、讀書運時，運用綠色要用淺綠色、粉綠色、湖綠色或用帶水的綠色較佳。綠色不可太深、太強烈。因為深綠色太強烈的綠色是甲木的顏色，會更增火旺，又會吸水，這對喜用神缺水的人來說，是火上加油，更增赤烈的問題。因此萬萬不可用深綠色。只能用淺綠、粉綠的綠、湖綠、帶黃色的綠色。

因此在其人的衣物用品和床單、床罩、被子上的用色，就是這些淺色的綠色為佳。另外在書桌上左上角的位置上要放置帶水的綠色植物為佳。例如萬年青插在帶水的瓶中，或植物的根泡在水中的小盆景之類的植物。此時小盆的仙人掌便不適合了。因為它的土是乾的。

在其人的讀書環境中，適合將牆壁塗成微帶粉綠、淺綠的白色。但室內不宜多用植物。甚至不放其他的植物也最好，以免木會吸水、又增火旺。因為喜用神缺水的人，是很怕木多的。在讀書的時候，最好書桌面向東北方(坐西南朝東北的方向)，這會有意想不到讀書和考試運的效果。在讀書的房間中，最好有一面朝向東北所開的窗、書桌放在窗下讀書，效果更好。但要注意必須不是空亡位才行。例如在丑和寅的方位位置是好的。子位是正北的位置是次好的。

人坐在或睡在空亡向上，都會頭腦空空而唸不下書了。也容易精神不集中，睡眠不好、迷迷糊糊，而運氣不佳。凡是所有的人皆是不可居位在或睡向、或讀書、工作在空亡向上的。

喜用神為火格局的人，增加事業運、官運的顏色用法

喜用神為火的人，就是命格太冷，需要火來暖命的人，用綠色，有木來吸水、生火自然是好的。但有時是寒木、濕木，升不起火，其人會勞頓而無所獲。讀書辛苦而無結果，而無用。因此在運用綠色在增加發憤圖強之時，也首先需要帶點偏紅系列的暖色系色

彩來一起增旺讀書運和考試運。命格太寒涼、太冷的人，會財少、也會懶洋洋的、凡事提不起勁來，常想不勞而獲，或是常感覺疲累。工作、讀書時常打哈欠，想睡覺。因此，此時便不能全用綠色，尤其太深的綠色，反而有壓制的作用不太好，也應用活潑的、欣欣向榮的嫩綠色，或帶點紅的綠，亦或是橘紅色和綠色相間的顏色，來組成熱鬧的、有些激奮的顏色較好。因為橘紅和綠色是兩個對比色、相互配對會有刺激的作用，較不易嗜睡。也可增加暖命的作用，使其精神好、略有亢奮的作用。在欲讀書考試的人的房中用此二色來佈置房間，就會有醒腦的用途了。

在書桌的左上方位置宜放紅色的桌曆，或紅色書皮的書，以及紅色的鬧鐘。來醒或增加當事人的時間和讀書概念。

此人讀書的房間最好有一面，面向東南方所開的窗。在此窗下讀書會有奇效，但也要注意空亡向的問題。

喜用神是木格局的人，增加事業運、官運的顏色用法

喜用神為木的人，是命局中土太多或金硬不化的人，需要用木來疏土或剋去金。因此直接用綠色，就能達到效果，而且是明度或彩度高的綠，以及深綠最為有用。淺綠色、粉綠色的效果會不佳，較淡薄、而不明顯。所穿的衣物及房間佈置要用純綠色。

此人讀書的房間，最好有一面向東的窗，坐西朝東的方向來讀書，會發奮也會頭腦清晰、記憶好。書桌的左上角位置宜放置一瓶綠色植物或小盆景、尖形葉子及仙人掌的植物有利於你的競爭心。亦要小心空亡位的問題。

第四節　增加人緣、桃花運的顏色用法

有關於增加人緣和桃花運的方法，在命理上皆屬於增加桃花的範圍之內。這其中一種是屬於一般的同性之間夾帶一些稍帶異性緣桃花，統稱人緣桃花。這是一種淺桃花。另一種是專稱桃花運的異性關係的桃花。兩者有所。不但所有稱為桃花的關係，最可用桃花色、粉紅色、粉嫩的紅色系來點撥、挑動人際關係中的參與力和與奮的力量。因為想要增加一點人緣的人，就用討喜的粉紅色來增加別人對你的興趣，喜歡主動接近你。想增加和婚姻有關的桃花運的人，就用桃花色，這種有些炫耀美麗的顏色，來吸引別人的目光。一方面又略帶有神秘的、具有遐想意味的顏色，這剛好符合了異性相吸引的內在情緒。**是故粉紅色和桃紅色這兩個顏色是增加人緣及**

桃花運最直接有力的顏色。

紅色系、暖色系的顏色一向是增加食慾、暖胃的顏色，人想獲擁有一些東西，一定要先有衝動力、要先有興趣才可能有動作來行使意念。鮮紅色是血液的顏色，有衝動、血液奮張的意念、太強烈了，有時是太超過，而功敗垂成的。粉紅色則有討好、討喜的意念。比較含蓄、沒那麼直接。因此凡是人多穿粉紅色的衣物，就會像是向人表明友好、想和人親密的訊息，自然別人也會主動來靠近了。

桃紅色是略微帶一點點藍色調，或略帶一點紫色的紅色。因為有略偏紫的顏色，就會略帶有神秘和愛幻想的色彩了。也會略有些不實際，但這種不實際是在可容許的範圍之內的，那就是遐想的範圍了。

桃紅色是一種比較濃的紅色，它會比粉紅色所給人的意念深，故它是真正能挑起有興趣來關愛的顏色。

（有關桃花運的問題，請看法雲居士所著《如何掌握你的桃花運》一書）

喜用神為金水格局的人增加人緣、桃花運的顏色用法

喜用神為金和水的人，本命中火重。本命已帶有太多、太重的紅色。性格上也是較衝動、行動快速的人。既然命中火旺，需水恐急，就不能用太多、太重的紅色或桃紅色來增加桃花運、人緣了，只能以水紅色和粉紅色來增加此運。因此衣物不宜太紅或太濃的桃紅色。

男性可穿水紅或白色偏向水紅的襯衫，配灰色的外套、西裝之

類的穿法為宜。女性是整身的水紅、粉紅皆無關係。這在上班或外出時穿著，會有親和力，增加人緣的效果。

若是要增加愛情的桃花運，則需在寢室內的佈置、寢具皆用粉紅色為主調的佈置為宜。喜用神為金水的人，宜在房間的西北方的位置放置一瓶或一盆粉紅色或桃紅色的花。或是掛一幅粉紅、桃花系列為主調的畫，來加強桃花運。春天有桃花盛開時，放一瓶新鮮的、有生氣的、真的桃花最佳。平時放假的塑膠花的桃花亦可，但力量沒有那麼強。此外放鮮紅的花也是可以的，但會招惹不同的桃花運。

在書桌和辦公桌左上角的位置放一瓶粉紅色的花也是招來桃花運的方法之一。

喜用神為火的人，增加人緣、桃花運的顏色用法

喜用神為火的人，要增加人緣和桃花運，因為本命中太寒、太冷，故可用略鮮艷一些的粉紅色、桃花紅來增運。太偏紫、偏藍的桃紅色就不十分適宜了。有時候男性不太好意思穿鮮艷的粉紅色和桃紅色，則以磚紅色、暗紅色來代替亦可。但是內容意義會有不同。也可將身邊所用之小物品、取之桃紅、紅色來代替。此命格的人，宜多與紅色接觸會給自己帶來好運。

其他時候，在自己的私人空間中多用鮮艷的粉紅色和桃花色來增加桃花運是必要的做法。可以在自己的寢室中東南方之位，放一盆桃紅或粉紅的花或畫，以增進桃花運。外出時也以先向東南方走十步，才轉向要去之方向，會遇到心儀之人。

喜用神為木的人，增加人緣、桃花運的顏色用法

喜用神為木的人，比較含蓄、不積極、木訥，表達能力不好。要增加人緣和桃花運，必須要粉紅色、桃紅色和綠色並用，才會達到效果。因此在衣著方面，可以有時穿粉紅色、桃花色，有時也要多穿綠色來達成桃花促進的效果。

在寢室中則可用綠色和粉紅色、桃紅色、明暗對比、相互配合、做室內佈置和寢具上的用色。例如鮮艷的桃紅色和深綠色搭配，淺粉紅和淺蘋果綠來搭配等等。小孩子、青少年宜用淺色系搭配，年輕略長者，用深色搭配較適宜。

在書桌上左上角的位置，宜放置用粉紅蝴蝶結所繫之植物。例如將粉紅蝴蝶結在萬年青上，放於書桌的左上角的位置。或是放一

個粉紅色的砂漏計器在書桌左上角的位置等等。

在寢室的東方位置放一瓶或一盆桃紅色或粉紅色的花，或掛一幅桃花系列為主調的畫來增加桃花運，會有好的效果。

增加人緣的特殊顏色用法

在命理學中，許多人的人緣不好，是起自於自己命中財太少的關係。許多命中財少的人，常有怪異性格，做人不圓滑、有孤獨現象，或不知如何應付人際關係中的起伏波折。處處顯得格格不入，很難打進別人的圈子。因此這時候替自己多增加一些財氣，也會對增加人緣而有效。此時你就要運用黃色系來增加財氣了。

明亮的黃色，如鵝黃色、鉻黃色，都是財氣的顏色。倘若是檸檬黃，須顯得帶財氣少了一點，效果也是有，但稍減。

用顏色改變運氣

人緣不佳的人，多半會穿與自己喜用神不合的顏色。也就是容易穿到忌神所代表的顏色。例如喜用神為金水的人，都常喜歡穿紅色衣物。喜用神為火的人，愛穿白色、藍色、水色衣物。喜用神為木的人也愛穿白、藍、黑等衣物等狀況，這些都是不對的，一定要改進才會對自己有利。

倘若你一時根本無法知道自己的喜用神為何？那就先穿帶有財氣的黃色來為自己招來財氣。人是最敏感的動物了，一聞到財氣，便會奔相而來。此時你的人氣旺，自然人緣也極佳了。

如何創造事業運

第七章　增加偏財運、暴發運的顏色用法

有關於偏財運、暴發運，必須其本人命格中有偏財運格、暴發運的人，沒有瑕疵破格的人，再用顏色來增運，才會有效。否則也是白花力氣、徒勞而無功的。

世界上有三分之一的人有偏財運、暴發運。也各有各的暴發格局和程序。如『辰戌武貪格』的人，會在辰年、戌年來暴發，在其他年份中走逢流月至辰、戌宮時，也會有小的偏財和偏運。如『丑未武貪格』人，會在丑年或未年，來暴發偏財、偏運。在其他的流

年運程中，會在流月走逢到丑宮、未時會暴發小偏財、小偏運。

『子午火貪格或鈴貪格』是在子年及午年來暴發。

『卯酉火貪格或鈴貪格』是在卯年及酉年來暴發。

『巳亥火貪格或鈴貪格』是在巳年及亥年來暴發。

『寅申火貪格或鈴貪格』是在寅年及申年來暴發。

所有的偏財運格或暴發運格，也都會在每年流年裡行運到有暴發格的宮位所代表的流月中來暴發一些小的偏財運。

但有化忌、劫空同宮或相照的暴發格不暴發。沒有偏財運。主要是形成破格的關係所致。

有暴發格、偏財運格的人，再運用適當的顏色來助旺，促使暴發格的暴發，才為有效。但仍要先弄清楚自己的喜用神和命理格局才行。

喜用神所代表的數字，與八字命格中財星所代表的數字，更會為你帶來幸運的偏財運。

喜用神為金水格局的人增加偏財運、暴發運的顏色用法

喜用神是金水格局，又具有偏財運、暴發運格局人，在命理格局上都是『遇水而發』的格局。會在年運上、大運上、流月上、流日上都會具有這種特色。所以你不能像一般人一樣，去迷信穿紅色衣服用品了。而是要在暴發運要暴發的時期（前後那一段日子中），一定要堅定不移的穿白色或水色、藍色、黑色的衣物用品為上策。命格中金多、木旺或土塞、而有合火局的人，黑色也最好別用。因為命格中『金清水白』是最好的格局．因此只有白色、水色、水藍色、明亮的藍色是你最有利的顏色。

用顏色改變運氣

某些賭徒或喜小賭怡情的人，喜歡在上賭桌前換上紅色的內衣褲或手指的小指塗上紅色的指甲油助旺偏財運。這是喜用神為火的人才能用的。倘若你是喜用神為金水格局的人，便不能用了。否則你會愈賭愈輸。因為火剋金水的原故，也會讓你心神不寧、頭痛、撐不了久。你最宜把水藍色的內衣褲穿在裡層，外面再穿藍色、白色或黑色的金水系列的外衣。這樣財氣內藏，會順利多金。贏面較大。不過更要配合主財的月運、日運、時運較佳。

一般來說喜用神為金、水格局的人，要促進大的偏財運或暴發運時，所運用的顏色最好以白色、水色、白色透明、金色為主的顏色，不要用雜色或其他的顏色為好。要中樂透大獎的人，若正逢偏財運格上，也不要用黃色來增運，因為你命中急需的是金或水。黃色中帶有土的顏色，會蓋住水或是有污金的困擾，因此不佳。

需金水格局要增加偏財運的人，最好要待在有利於自己的金水格局的環境之中，例如位朝北、朝西，或西北方的房子、牆壁是白或水藍的佈置裝潢，屋內西北方的牆壁上要掛瀑布的畫或照片或放置魚缸養魚。但不可把魚池、瀑布、噴泉坐落於室內。因為這些風水上的佈置是屬於室外的可用之物，放在室內會洩人之氣，因此不可為。魚缸中養的魚要是白色、銀色的或黑色的。

另外，其他的細節都堅守需金水格局的人所需要用的細節就可以了，例如：宜出門時先朝西北步行十步，再轉向要去之地方。買彩券時往住家西北方去買。買彩券的日子也要選正確，時辰亦要注意有偏財運的時辰等等。等大運、流年、流月、流日、流時『三重逢合』時，自有較豐厚的偏財運暴發了。

喜用神為火的格局的人增加偏財運、暴發運的顏色用法

喜用神是火的人，要增加偏財運、暴發運的顏色，自然是紅色最佳，最能助運。但要注意你的喜用神是丙火還是丁火？喜用神是丙火的人用大紅色做最佳的吉祥色，喜用神是丁火的人，用稍淡的紅色、淺紅色做最佳的吉祥色。但也不可用近以白色的淺紅色、力道就會不足了。

喜用神是丙火的人，宜室內裝潢、裝飾用大紅或深紅、酒紅的佈置，喜用神是丁火的人，宜用深淺不同的紅色、暖色系來裝潢佈置周遭環境。

在穿戴衣物方面：喜用神是丙火的人，宜多穿大紅色，或內衣褲為大紅色，而喜用神是丁火的人，則不宜太紅。因為太紅無益。

丁火是爐中之火或燭光之火，太紅的紅色反而會壓制了它、取代了它，反而不吉。因此要用稍淺，又不能太淺的紅色或粉紅色。寢室中的佈置也是一樣、要用這些顏色。

在住家的客廳或臥室中方的牆壁上最好有一盞燈。必需是發紅光或黃色，具有暖色調的燈，而不是發青光的日光燈。書桌及辦公桌上要有紅獅、跑馬燈、紅色的擺飾物來做催化劑。出門時先向南方或東南方先行十步，再轉去要去的方向。也是要精算大運、流年、流月、流日、流時，確實掌握偏財運時間，並在此時向南方或東南方去買彩券或找運氣，會有助發的效果。

（有關於偏財運的問題，請看法雲居士所著《如何算出你的偏財運》、《驚爆偏財運》二書。）

喜用神是木的人，增加偏財運、暴發運的顏色用法

在喜用神是木的人中間，一種是財星較弱，一種是官星較弱的人。財星較弱的人，自然發財就不會太多了。官星較弱的人，自然事業上的暴發運就不會太大，成就不會太大。但這兩種人仍然可能有暴發格和偏財格。有暴發格局的人就會暴發，但會隨運起伏、高高低低的、奮發力不強，常暴發一次以後，一輩子都在等待暴發運而度過。往往這些人的暴發運發生的時間，要等待很久才到來，有的要等十二年才有一次，也不一定會是大的暴發運。因此還是以正財為主，以薪水所得最佳的取財之道為佳。否則等待期間，會有貧苦的日子。

喜用神是木的人，要增加偏財運、暴發運仍是要用木火旺的生運方法。宜穿紅綠相間或橘紅與綠色的對比色來搭配穿著為宜。亦

或是綠底有紅花的衣服較好。在室內佈置與裝潢上也是這樣的用色方法。在臥室、床單、被子的用色上亦是如此用法。

喜用神為木的人，宜在客廳或臥室的東南方放置結紅色果實的植物，用假的果樹亦可。東南方的牆壁上也宜掛綠紅相間的圖畫來增偏財運。桌上左上角位置宜放跳財、啣錢幣的青蛙之類的擺飾，或繫小的紅色蝴蝶結的發財樹來增運。出門時宜先向東南方走十步，再轉向要去的地方。更要注意要往住家東南方的方位、去找財運和吉運。也要留意流運的時間，找出『三重逢合』偏財運的時間，即會得到好運。

第八章　改善健康運的顏色用法

從一般的狀況來看宇宙萬物，一個生命生活或生存的磁場環境不好的時候，就會有瑕疵。我們統稱為有病。

在命理學中，生辰時間不好，俗稱生辰八字不好，也就是把人放在不好的磁場環境之中的時候，那個人就像生長在貧脊多石、沒長養份的石山上的樹木，會多病而生活艱辛了。這是先天性的磁場環境不佳，因此人的身體較弱，容易生病，也容易擋不住『運』來磨。

還有一種，也是先天『行運』的關係。每個人在一生中都有運氣起伏高低的變化。當人行運至低處時，無力與外界磁場環境中強大力量來抗衡，也容易受傷或生病。

前者是先天性的因素所導致的病因或缺陷。後者是命理格式所主導的運氣在運行時，所產生的變化結果。但無論如何皆是有其脈絡可尋、容易找出癥結來加以制衡的。只是要看其人在先天或後天所造成的傷害、病因有多重罷了。

在紫微命理中，命宮中有七殺、祿存等星的人，是自幼身體較弱，老是出問題、小病不斷。但長大後，身體會變好一點，大約在十三、四歲就能變好了。命宮有七殺星的人，容易有氣管、肺部、大腸毛病，因此易得氣喘、肺炎、腸胃病等毛病。命宮有祿存星的人，容易有脾胃的毛病，或腎臟、膀胱的毛病，這些都是先天性出現的問題，也會在行運運氣順利時，病因就會隱退。

在命理學中，生命的存活就是一種『財』。也是生命的資源。我們往往看到命中財少的人，身體總是虛弱有病。沖剋多的人，容易有傷災和傷殘現象。也容易不孕（不孕在命理上也屬於傷殘現象，是屬於生殖系統的傷殘）。

基本上每一命格的人，在身體上都有其強的的部份。和弱的部份，每種命格的人，都潛在的藏有某些病因。有時候表面看起來身體還好，但時候到了，運程走到了，病因便會漸漸顯現了。例如：太陽坐命和擎羊坐命的人，一定有心臟、血壓和眼目不好的問題，晚的話，中年以後才發生毛病。早的話，一、二十歲便有問題了。命宮中有天府、天梁的人，是脾、腎不好。命宮中有武曲的人，肺、氣管、大腸較弱。命宮中有天機、貪狼的人，手、足、臉面上的神經系統容易有問題，易腰酸背痛。命宮中有太陰的人，會有膀胱、腎臟、肝臟、腸胃等問題。命宮中有破軍的人，肯定身體上有多次開刀或受傷紀錄、身體破破爛爛的。命宮中有廉貞的人，會有與血液相關的問題和多傷災等問題……等等。

在論命上，要從紫微命理與八字一起下手，綜合的來看『命』，才會看出，此人的『財』缺在那裡。在命理上有兩種術語是形容健康狀況不佳的命理格局。一種是『富屋窮人』。一種是『財多身弱』。

『富屋窮人』，指的是我們的身體。『富屋』指的是身體的外觀看起來很好。『窮人』指的是身體內在空虛，只是一個空殼子。故此句是指『多病的身子』之意。

『財多身弱』是指承受不住財的身體，因此也會有病災的多所磨難，一生常在病痛之中，是十分辛苦的生命體。

用補足或修改命理的方法，自然能改善生病及健康的問題了。這種方法就用五行之法補足元神，或修改命理格局的方法。『喜用神』就是修改命理格局之藥，故喜用神的五行、用色及方位，就能修改補生命的不足和瑕疵、病痛了。但是『喜用神』並不是三頭六臂的仙術，並不能使殘缺的手腳長出來。只能使傷災、病痛減輕或少發、不發，或使原因不明的不孕，而受孕。倘若生殖器受傷過於嚴重的人，有了根本的傷害，仍是無法受孕的，只是會增加其身的健康度而已。這一點，讀者需很明白。

用顏色來改變受孕的方法

有一對夫妻結婚五年未有子女，經過身體檢查，醫生都認為沒有問題。但是夫妻倆因工作的關係，分隔南北兩地，見面的時候不多，常是在休假時見面一星期，又各自回工作崗位了。

我把他們夫妻兩人的命盤放在一起觀看，發覺在一天中兩人共通有好運的時間不多。只有寅時（清晨三時至五時）是兩人共有的好時間。

在其他的時間中，皆是一個情緒好、一個情緒壞。因此在見面時，常會因一些瑣碎的事情有爭執、延誤了『做人』的機會。而『寅時』的時間，兩人又熟睡了，而無用。

我給他們建議是：

一、妻子是武曲、擎手坐命的人，喜用神是需火的。職業是護士，工作上必須穿白色的護士服，則可在裡面穿紅色的內衣褲，或其他的紅色衣服，外面再穿白色工作服。平常也要多穿紅色系的衣服。用紅色來補足及修改命格中缺火的現象。她本身是

『刑財』命格的人，常頭痛、又工作忙碌，用紅色衣物可增加她對環境中抗衡的力量，不會頭痛，而且身體會強壯一點，情緒也會變好。生活愉快一些。財也會多一些。平時睡覺也要注意頭南腳北的方向，室內佈置加多一些溫暖的紅色系顏色，會一切順利、心情愉快、身體健康。

先生是武曲、七殺坐命的人，喜用神為金水格局，職業是軍人，常穿綠色軍服或卡其服裝。應穿藍色、白色、水色的衣服較好。故將內衣穿這些顏色。平常也要多穿藍色、白色及水色的衣服較平順及增強體魄。

武殺坐命者，大多都是下半身寒涼，會有腎虧現象，需要溫補或熱補的，因此平常需多吃營養的食物，補一下。命格為喜用神為金水格局的人，只能溫補，不可熱補，因為命中火多欠水那之故。用西洋參或東洋參燉雞即可，不可高麗參或東北參，那是熱補的東西。平日睡覺要床頭朝北，腳朝南。室內多用白色、藍色、水色系列來佈置，會生活平順舒適。升官順利、心情愉快、身體也健康。

二、夫妻倆見面時，先生要穿水紅色的襯衫。因為兩人的喜用神不同，若各自穿對自己有利的顏色，因磁場不同，會有排斥現象。雖然大家各自的心情好了，但相吸的力量薄弱，彼此的『性』趣不高，『做人』的機會就會減輕。因此穿同一色系的衣物，較會增加磁場相應和的原動力。

三、找出此流月運程好、流日吉利的日子，安排外地旅遊行程，放鬆心情、減少壓力。再在兩人共有的好時辰『寅』時做人，懷孕一定會成功。

但要注意：旅遊地點要南方為吉。因為是女方在受孕懷胎的。故此項方位以女方的喜用神要用為主。

因兩個月後，即是吉期，應速做安排。現今這對夫妻已育有健康、活潑的小寶寶了。

◎用顏色來改變傷災的方法，在前面已有陳述，此處不再贅言，仍是用喜用神的宜忌為主的顏色用法。

用顏色延續生命的方法

有一位學生受朋友之託來向我問問題。這位朋友是一位媽媽，他有一個兒子，在二十九歲時因車禍受傷，成為植物人。當時獲得賠償是八百萬台幣，但至今五、六年下來，請看護及看病，已花用殆盡，但病人情況好好壞壞，仍意識不清。家人真是心力交瘁。她問：是早點讓其子結束生命好呢，讓家人舒一口氣。還是繼拖下去？兩老已年紀大了，不知時日有多少？其他的子女也無力負擔，要如何是好？

論命者是只能分析問題的吉凶，而無決定生死的權力。所以我只能講，什麼狀況下，會對病人的病情有利。什麼時候，病人的生命會有危險。

這位年輕人是天府、文昌坐命亥宮的人，原本長得清秀、美麗、已唸大學的碩士班了。但福德宮是武曲、貪狼化忌、擎羊、火星。本命中具有暴發運，本來有化忌是不會暴發的，但是『火武貪格』，又帶著擎羊。這要小心著，不讓其爆發，一爆發，便會帶來血光之災。這個夾帶著擎羊星的『火武貪格』是在丑宮，因此在丑年又逢此流月運程、流日運程，以及在丑時的時候，逢此傷災。據其母證實，這位年輕人真的是在丑年，半夜一時以後（丑時）發生車禍的，流月、流日也是逢此丑宮的時間。事後得賠償八百萬元。此人本命財少，因此八百萬即為其爆發的偏財運。

這位媽媽問此人命終在何時？我說：他命中的財用完了，他就會走了。這是自然現象。每一個人都是一樣，命中的財用完了，人便會在世界上消失了。

此人的命中多水，需要戊土做堤防。如果要對情況好一點，則可將室內佈置用黃色、土色來佈置室內，牆壁用米色、淺咖啡色的壁紙或塗色來裝潢、佈置。傢俱用深咖啡色。病人所蓋的被子、床罩用黃色、土色、淺咖啡色。病人的衣物也用同色的，對病情會有利。此外，病人的床頭宜向南方，因火能生土。病床宜放於室內的南方。室內宜多有暖色調的物品，較會對病人有利。目前創世基金會有植物人的安養、服務，可去詢問。未年因與丑宮相沖，又有武曲、貪狼化忌、擎羊、火星的相照，是故，生命又將再次遇到嚴剋的考驗。

使病情轉輕、轉好的方法

能使重的病情轉好降輕，使輕微病情的人、身體虛弱的人身體漸漸強壯起來的方法，自然，仍然是要運用到喜用神所需的方位和顏色了，就像前面所敘述的一樣。

◎喜用神是火的人，要衣著、穿戴皆是以紅色、暖色調為主。寢室及生活空間環境中，要用暖色調、紅色、粉紅色、深淺不同的紅色來搭配應用，頭要朝南睡覺。人的精神會提升、振奮、病會好得快。

◎喜用神是木的人，要衣著穿戴為綠色和紅色系列的色調為主。寢室和生活空間中也是以紅色和綠色兩種顏色為主的顏色。因為木火需並旺才好，光靠木是不夠的。頭要朝東南方向睡覺較好，身體會轉好。倘若命格中原本是火土重的格局，需要水木精華，則需用淺綠色、水綠色，來改變磁場環境，睡覺、休息時，頭要朝東北方。病也好得快。

◎喜用神是土的人，其人的衣著和室內佈置方面要用土黃色、黃色和咖啡色來助其旺，深淺不同的咖啡色皆是好的。睡覺時，頭要朝南的方向，病會好得快。

◎喜用神是金水格局的人，其人的衣著和用品，以及室內裝潢佈置，要用白色、藍色、水色、淺灰色等寒色調系列的顏色。睡覺時，要頭朝北或朝西，病情會好轉。

喜用神為火的人，有傷災、病痛多半在冬天會發生。喜用神為木的人，較易在秋冬發生病痛、傷災。喜用神是土的人，較易冬季發生病痛、傷災。喜用神為金水的人，較易在夏季發生病痛、傷災。這就是先天性命理格局和季節變化相沖剋的影響，讀者可以自己來考察印證之。

第九章　顏色的禁忌

在命理上用顏色來改運，主要用的是修正我們命理格局後的喜用神所代表的五行喜用神的顏色為主要改運的技巧方法。倘若我們摒棄了這種方，道聽塗說或聽由別人隨便說來運用顏色來改運，則是怎麼改也改不成的。

近來電視、報紙各媒體上很流行算命的節目與專題討論。一會兒西洋星座專家告訴你今天，你的星座要用何偏財運的顏色了。一會兒明天又要用何種偏財運的顏色來買彩券了。顏色天天會變、每日不同。一下子又有命相家告訴你，屬牛、屬羊的人要用何種偏財運的顏色了。搞得你十分糊塗，一頭霧水，或是一個頭有兩個大。這是怎麼一回事呢？為何各人的說法不同呢？

倘若你對命理有興趣、願意放一點時間來瞭解，真正搞懂命理的問題。你就會知道每個人只有一種選擇顏色的機會。而不是天天可以變換可用之顏色的。命格是喜用神為金水的人，只能用寒色系的顏色，也只能在白、藍、水色或黑色之間做選擇，只是深淺不同而已。而喜用神是木的人，也只能在綠色、青色中選擇，也只是深淺不同的層次差別而已。

一般的命理師用屬相、年命來論顏色，來談論人的命。一年中有四季不同、寒溫冷暖的差別，又有三百六十五日的不同，又如何能正確、精確的指出人命中之需，及切合修正命格的確實顏色呢？古代李虛中用年命算命，有差池不及了。何況是現今科學發達、時間細密準確的時代，再用屬相（年份）的方法來論命，只是用淺薄的命理知識來愚弄大眾而已了。

西洋的星座專家用星座來論命談顏色。他們雖然把論命的時間由年縮小至月份。但每一月中有許多本命不同的命格的人。每個人所需的磁場元素皆有不同，仍是無法以偏概全的。況且他們把每日的顏色都設定不同的顏色。固然每日所代表的顏色會有略微的變化，但並不是合用於每一個人的。

每一個人仍是要找出屬於自己的、個人專屬的顏色為最佳的顏色代表，才會對自己有利。因此中國人以八字選取喜用神為代表的顏色，就是從古至今最好的選取吉祥色，對自己有利的顏色的方法了。

另外要談的顏色的禁忌中，最怕是雜色、混色太多的顏色了，

用顏色改變運氣

顏色不夠純，就會太髒。太髒就會晦暗不明。這樣不利於運氣的發展。氣要純、顏色也要純才好。

在中國的命理格局中，要金清水白，壬水補映。要像鏡子一般的光亮。木火旺要木乾火麗。木濕、火塞就會晦火或點不著火。人的運氣就會蹇滯難行。土重晦火也是不行的，土來蓋水或是己土混壬，成為泥漿，除非命局需要，否則也是極不佳的格局。

用顏色來解釋這些命局，就是金屬色的要清亮光潔、水色要乾淨的水色，不可是污黑的水色。大海水也要像鏡子一般，才會有太陽的倒映而美麗。火要有鮮艷火紅的光才會明艷照人，暗淡的火或將熄的火，顏色也是不美麗的。偏向黃色的火色、紅色、發暗或雜有土色的紅色，也是不佳的顏色。土和水相混成為泥漿的顏色是道德高尚、崇高美感的人所不喜歡與不能接受的顏色。

由顏色的選擇上來看人在思想、行為上的能力，其實會有明顯的暗示。但是顏色的用法是可以學習的。也可以更正、修正的。每個人只因確實的瞭解自己的命格上修正過的顏色，確知自己的喜用神宜忌，便能掌握好運，改善或排除惡運的機會。運用對自己有利的顏色，把自己放在其中的環境中，自然百害不生，百禍不侵了。

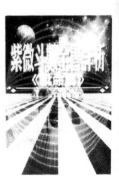

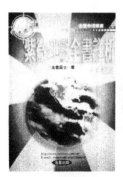

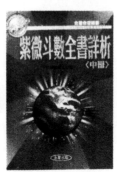

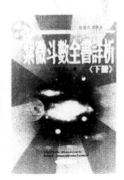

紫微賺錢術

法雲居士⊙著

從前有諸葛孔明教您『借東風』，
今日有法雲居士教您『紫微賺錢術』。
這是一本囊括易術精華的致富法典，
法雲居士繼「如何算出你的偏財運」一書後，
再次把賺錢祕法以紫微斗數向您解盤，
如何算出自己的進財日期？
何日是買賣股票、期貨進出的大好時機？
怎樣賺錢才會致富？什麼人賺什麼錢？
偏財運如何獲得？賺錢風水如何獲得？
一切有關賺錢的玄機技巧，
盡在『紫微賺錢術』中，讓您輕鬆的獲得令人豔羨的成功與財富。您希望增加財運嗎？ 您正為錢所苦嗎？這本『紫微賺錢術』能幫助您再創美麗的人生！

紫微幫你找工作

法雲居士⊙著

『男怕入錯行，女怕嫁錯郎』。

現在的人都怕入錯行。您目前的職業是否真是適合您的行業？入了這一行，為何不賺錢？您要到何時才會有令自己滿意的收入？

法雲居士用紫微命理幫您找出發財、升官之路，並且告訴您何時是您事業上的高峰期，要怎麼才會找到自己有興趣的工作？要怎麼才能讓工作一帆風順、青雲直上，沒有波折？

『紫微幫你找工作』就是這麼一本處處為您著想，為您打算，幫助您思考的一本書。

如何觀命・解命
如何審命・改命
如何轉命・立命

法雲居士⊙著

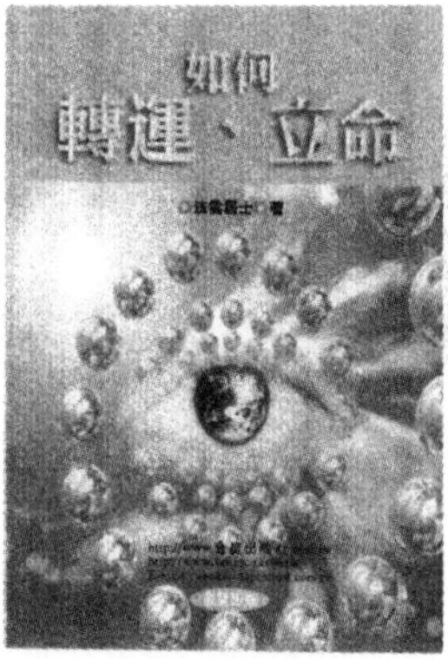

古時候的人用『批命』，是決斷、批判一個人一生的成就、功過和悔吝。
現代人用『觀命』、『解命』，是要從一個人的命理格局中找出可發揮的潛能，來幫助他走更長遠的路及更順利的路。
從觀命到解命的過程中需要運用很多的人生智慧，但是我們可以用不斷的學習，就能豁然開朗的瞭解命運。

一般人從觀命開始，把命看懂了之後，就想改命了。
命要怎麼改？很多人看法不一。
改命最重要的，便是要知道命格中受刑傷的是那個部份的命運？
再針對刑剋的問題來改。
觀命、解命是人生瞭解命運的第一步。
知命、改命、達命，才是人生最至妙的結果。

這是三冊一套的書，由觀命、審命，繼而立命。由解命、改命，繼而轉運，這其間的過程像連環鎖鍊一般，是缺一個環節而不能連貫的。
常常我們對人生懷疑，常想：要是那一年我所做的決定不是那樣，人生是否會改觀了呢？
你為什麼不會做那樣的決定呢？這當然有原因囉！原因就在此書中！

移民、投資方位學

法雲居士⊙著

這本『移民·投資方位學』是順應現代世界移民潮流而精心研究所推出的一本書，

每個人都有自己專屬的生命磁場的方位，才能生活、生存的愉快順利，也才會容易獲得財富。搞不清自己生命磁場方位而誤入忌方的人，甚至會遭受劫殺。至少也會賺不到錢而窮困。

法雲居士利用紫微命理的方式向你解釋為什麼有些人會在移民或向外投資上發展成功，為什麼某些人會失敗、困頓，怎麼樣才能找對自己的正確方向，使你在移民、對外投資上，才不會去走冤枉路、花冤枉錢。

如何尋找磁場相合的人

法雲居士⊙著

每個人一出世，便擁有了自己的磁場。

好的磁場就是孕育成功人士、領導人、有能力的人能造福人群的人的孕育搖籃。同時也是享福、享富貴的天然樂園。壞的磁場就是多遇傷災、破耗、人生困境、貧窮、死亡以及災難無法躲過的磁場環境。

人為什麼有災難、不順利、貧窮、或遭遇惡徒侵害不能善終的死亡？

這完全都是磁場的問題。

法雲居士用紫微命理的方式，讓你認清自己周圍的磁場環境，也幫你找到能協助你、輔助你脫離困境、及通往成功之路的磁場相合的人。

讓你建立一個能享受福財與安樂的快樂天堂。

命理生活新智慧・叢書 46

如何推算大運・流年・流月

（上、下二冊）

全世界的人在年暮歲末的時候，都有一個願望。都希望有一個水晶球，好看到未來一年中跟自己有關的運氣。是好運？還是壞運？中國人也有自己的水晶球，那就是紫微命理精算時間的法寶。在紫微命理中不但可看到你未來一年的命運，更可以精確的看到你這一生中每一個時間，年、月、日、時的運氣過程。非常奇妙。

『如何推算大運・流年・流月』這本書，是法雲居士利用紫微科學命理教你自己學會推算大運、流年、流月，並且包括流日、流時等每一個時間點的細節，讓你擁有自己的水晶球，來洞悉、觀看自己的未來。從精準的預測，繼而掌握每一個時間關鍵點。

這本『如何推算大運・流年・流月』下冊書中，法雲居士利用紫微科學命理教你自己來推算大運、流年、流月，並且將精準度推向流時、流分，讓你把握每一個時間點的小細節，來掌握成功的命運。

古時候的人把每一個時辰分為上四刻與下四刻，現今科學進步，時間更形精密，法雲居士教你用新的科學命理方法，把握每一分每一秒。

在每一個時間關鍵點上，你都會看到你自己的運氣在展現成功脈動的生命。

法雲居士⊙著

金星出版